NO DESTINATION, NO LIFE

ビジョン・ロードマップの法則

描くだけで新しい人生がはじまる

藤野公子

KADOKAWA

はじめに

私は、これから皆さんと共に「ビジョン・ロードマップ」を描き、**人生を変える旅に出たい**と思っています。

皆さんは「オズの魔法使い」という物語を覚えていますか？

主人公の少女ドロシーは、竜巻でオズという国に飛ばされてしまいます。そして家に帰るためにオズの魔法使いを探す旅に出ました。

その道中で「脳みそ」が欲しい「かかし」、「心」が欲しい「ブリキの木こり」、「勇気」が欲しい「ライオン」と出会い、彼らを引き連れて旅をします。

ようやく探し当てたオズの魔法使いは、「願いを叶えてほしければ西の悪い魔女を倒せ」と言います。何とか力を合わせて西の魔女を倒し、戻ったドロシーたちに魔法使いはこう告げます。

「あなたたちは、力を合わせて西の魔女を倒しました。**今までの経験で、知恵も心も勇気も、すでに持っていますよ**」

つまり、願いはすでに叶っていたのです。

もし本書でご紹介する「**ビジョン・ロードマップ**」を描いて行動し続ければ、皆さんもドロシーたちのように、なりたい自分や幸せを自然に手に入れられるでしょう。

はじめまして。

私は、以前はグローバル企業で働く「バリキャリ」でした。

志を同じくする世界中の仕事仲間と戦略企画を練ったり、日本全国のセールスパーソンに研修を提供したり、映像を開発したりするなど、さまざまな部署でキャリアを積みました。

企業で32年間働いた後は、早期退職をして4つの大学で客員教授や講師を務めるほか、優良大企業を中心に社員研修を提供したり、大学のビジネス講座（社会人の学び直し）でも教えています。

今は沖縄に移住して碧い海とまぶしい太陽の土地で暮らしています。ドロシーは犬のトトと共に、オズの国に飛ばされましたが、私も保護犬たちと共に沖縄の地に降り立ちました。

私が講師として教えているのは、「ビジョン・ロードマップ」です。
ビジョン・ロードマップとは本書の巻頭についている一枚のマップです。
このマップに描き込むのは、皆さんがこれからやりたいと思っていることや、実現したい夢や目標、なりたい自分です。
それをいつまでに達成したいのか、**計画を描くだけで、実現できるのです。**

今現在、やりたいことやなりたい自分が分からない人でも、本書のワークを実践するうちに、**明確に将来のビジョンを描けるようになります。**

まさに、描いた瞬間から新しい人生が始まると言っても過言ではありません。

このビジョン・ロードマップは、グローバル企業でキャリアを築いていた時代に自分のためにつくったのが始まりです。

ビジョン・ロードマップで描いた目標や夢が次々と現実になっていき、困難を乗り越え、自分が望んでいたキャリアを手に入れることができました。

退職後、現役の大学生に教える機会をいただき、学んだ受講生たちが自分の夢や目標を続々と実現していったことから、社会人向けの企業研修として次第に広がっていきました。

今では2000人以上の方が受講して自分なりのビジョン・ロードマップをつくり、多くの方が自分のやりたいことやなりたい自分を実現しています。

2023年5月にはNHK「あさイチ」の「人生が変わるかも!? 始めませんか『学び直し』」でも取材していただきました。

本書を読んだ皆さんにも、ご自身の人生を描いて目標や夢をどんどん実現してほしい！　と思い、**ビジョン・ロードマップを講座以外で初公開することにいたしました。**今まではネットでも公開せず、講座を受講された方限定の「門外不出のメソッド」のようにしてきました。

企業研修や大学のビジネス講座では、もれなくフォローできるように受けられる人数を20～30名と限らせていただいており、受講料も安くないながらほぼ満席状態が続いています。

ビジョン・ロードマップを学びたいと多くの方からご要望をいただき、このたび出版の運びとなりました。

ビジョン・ロードマップとは、あなた自身がつくる「人生の羅針盤」です。

自分が、本当は何をしたいのか分からないとき。

孤独やネガティブな感情が押し寄せるとき。

生活には不満は無いものの、幸福感や充足感を感じられないとき。

そんなときに進むべき道を照らしだしてくれるのが、ビジョン・ロードマップです。

自分に自信がない方も、ワークをするうちに、**心の奥底に眠っている本当の自分**に気づきます。

自分探しなどしなくても、本当の答えはいつも自分の中に眠っているのです。

本書が、皆さんの新しい人生を見つけるための羅針盤になることを祈っております。

目次

第2章

目標や夢を実現するためにやるべき4ステップ

第3章 ストレスを減らす「ライフスタイル」の見直し方

第4章 幸せなキャリア形成はモチベーション活動から

第5章 振り回される「人間関係」にサヨウナラ

第6章 不安がなくなる「お金」の使い方・考え方

第7章 「3年後の自分」を描いて明るい未来を引き寄せる

STAFF
ブックデザイン　山之口正和＋齋藤友貴（OKIKATA）
イラスト　梶浦ゆみこ
制作協力　アップルシード・エージェンシー

DTP　株式会社三協美術
校正　鷗来堂

序章

あなたの「ビジョン」が人生の扉を開く

大きな壁を乗り越える原動力は「ビジョン」

私は今でこそ、企業や大学でマーケティングやビジネススキルを教えていますが、**実は私のキャリアは大きな挫折から始まりました。**

関東の短期大学の英語科を卒業した私は、「海外でバリバリ活躍するキャリアウーマン」に憧れ、その勢いのまま海外に飛び出しました。

母の知人の紹介で、勤務先に選んだのはベルギーのブリュッセルです。

ところが、現地に行って初めて知ったのですが、フランス語圏の方々は自国の言葉を誇りにしているため、英語を使いたがりません。当時の私は英語もかたこと、フランス語にいたっては挨拶の「ボンジュール」しか口から出ないレベルでした。

異国の地での孤独感と、自分の無能さに打ちのめされて、私は精神的にまいってしまい、何も達成できないまま帰国することになりました。若気の至りとはいえ、無謀すぎるチャレンジでした。今の私なら、分かります。

あの頃の私にもっとも欠けていたのは、「ビジョン」だったのだと。

ビジョンは「将来に対する見通し、未来像、視覚」という意味の言葉です。さらに、私なりの表現で言うと「**人生の目的地**」でもあります。

「海外でカッコ良く活躍したい」と憧れているだけでは、ビジョンとは言えません。例えば国際貢献をしたいとか、その国でしかできない仕事をしたいなどの強い想いがあれば、コミュニケーションがとれなくても必死で現地に馴染もうとしたでしょう。困難やトラブルは、誰にでも、どんな状況でも襲いかかってきます。**目の前に立ちはだかる大きな壁を乗り越える原動力となるのが、ビジョンです。**

私がそのことに気づくのは、最初の挫折からずいぶん時が経ってからの話になります。

ブリュッセルから戻った私は、しばらく自分が何をしたらいいのか分からず、部屋の隅で膝を抱えてうずくまっている毎日でした。

やがて、**「やっぱりグローバル企業で役立つ人間になりたい」**という想いから、再度、外資系企業の秘書養成学校の門を叩いて学び直しをしました。

腱鞘炎になるほどタイプライターを打った甲斐あって（当時はタイプライターの時代）、卒業後は**外資系清涼飲料メーカー**で、テクニカル担当部署の秘書として採用されることになったのです。

入社後、人事部長に「どうして私が選ばれたのですか？」と尋ねたら、「君だけは海外経験があったから」との返答でした。**大失敗だと思った体験が思わぬところで役に立ち、「人生、どんな経験もムダじゃないって本当だな」とつくづく思いました。**

実力主義のグローバル企業で初の挑戦

グローバル企業での32年間は、私の人生に大きな価値を与えてくれました。

地球規模で成功し、成長し続けている企業ならではのダイナミズムやダイバーシティ、そしてマーケティングの力。国籍や年齢、性による差別は一切ありません。評価はすべて個人の実績です。

最初は秘書の仕事をまっとうするために、必死の日々を送っていました。

けれどもそれぞれの部署で活躍している社員を見ているうちに、「**自分もスタッフになりたい**」と切望するようになったのです。

当時は秘書からスタッフになった前例がなく、諦められない私は上司に尋ねました。

「**容易くはないが、実力とタイミング次第だ**」**と彼は未来の希望を与えてくれました。**

諦めることなく仕事を続けているうちに、チーム内でスタッフの一人が異動になりました。後任がなかなか決まりません。それとなく私が秘書とスタッフの二役をやっていると、チャンスが巡ってきました。

二役時代は週末も無い忙しさでしたが、またと無いチャンスを逃すわけにはいきません。スタッフとして動くときは、セールスパーソンと同じユニフォームを着て、トラックに乗り込み、商談や陳列を手伝いながら、現場を学びました。

ある朝、米国人の上司の部屋に呼ばれ、「丈夫なスーツケースを買いなさい。全国を飛び回ってもらうことになるから」と言われたとき、**正式なスタッフへのゴーサイン**と察知しました。**スタッフへの切望から7年目のこと、トイレに駆け込んで嬉し涙を流したのを今でもよく覚えています。**

しかし、スタッフになった後も、私の前には試練の壁が立ちふさがることになります。

自分以上に、自分の未来を描ける人はいない

米国のドラマや映画で上司が「You're fired!」（お前はクビだ）とクビを宣告するシーンは、お馴染みの場面です。

そこまで極端なことはありませんが、外資系企業はどこも実力主義なので、常に自分の実力を示していく必要があります。国際色豊かな仲間と力を合わせ、成果を出していくことはやり甲斐がある一方、自分の実力不足を思い知り、心が折れそうになる場面も

あります。

しっかり時間をとって、自分を見つめ直す時間をとりたいと考えました。

そこで2週間の休暇をとり、米国の大学のビジネスパーソン向けの短期講座を受けることにしました。その講座の冒頭で、参加者は自己紹介することになったのです。

ただ経歴を並べるだけではつまらないので、「なりたい自分」や「目指している将来像」を簡単な「絵」に描き、それを見せながら紹介するアイデアが出ました。

各国の受講生は、サクサクと楽しそうに絵を描いて「こういうキャリアを積んで、将来的にこのような社会貢献をしたい」のように、堂々と将来像を伝えていました。

ところが、私を含めて日本人の受講生の多くが将来を描けない状態でした。絵が描けないまま「口頭で大体説明すると……」という曖昧な発表ばかりでした。

講師はその様子を見て、静かにこう言ったのです。

「あなた自身が描けないとしたら、誰が代わりにあなたの未来を描いてくれますか？」

講師のその言葉を一言で言い表すなら「ビジョンを描く」ということでしょう。**自分のビジョンが描けなかった私は、絶対に描けるようになりたい！**と強く思うようになりました。**自分自身の10年後や20年後の明るい未来が描けないなんて、とても寂しく、情けないことだと感じたのです。**

マインドマップをご存じの方もいらっしゃると思いますが、英国の教育者のトニー・ブザン氏が考案した思考の表現方法です。

まず真ん中にメインテーマを書き、思いついたことを枝分かれさせながらその周囲に放射状に書き込んでいくのがスタンダードな方法です。

私はマインドマップのようなマップをつくって、自分が何をしたいのかを整理してみることにしました。

「真ん中に何を書こう」とあれこれ考えを巡らせていたとき、**マップの真ん中に書くのは理想の自分、自分のビジョンであるべきだと決まりました。**

ただ、どんな自分が理想なのかがイメージできません。**そこで、自分は何が好きなのか、得意なのかを考えてみました。**

部下に教えるのは好きだから、若い人の成長に繋がることをしたい。
マーケティングも楽しいから、魅力的なオリジナル企画をつくって社会貢献したい。

こんな風に、好きなことからやってみたいことが見えてきたのです。

それをマップに文字だけで書き込むのは面白くないですし、「ビジョン」はやはり絵で描いたほうがいいので、ネットでイラストを拾って貼り付けました。

その作業をしていると、**「都会と田舎を行き来する暮らしをしたい」「保護犬に囲まれたシンプルな暮らしをしたい」「講演をして本も出したい」「死ぬまで現役、アクティブライフで日本・世界をかけまわる」**と、次々とやりたいことが広がっていきました。

さらに、思い切って「55歳で早期退職」とゴールを決めてみました。

55歳をゴールにするなら、それまでに、どのようなキャリアを身につけておき、どれぐらいお金を蓄えておけばいいのか。講演と著述を目標にするなら、何をテーマにできるようにすればいいのか。

まだまだ具体的ではありませんが、**初めて「なりたい自分」が定まりました。**

「若い人の成長支援＋魅力的なオリジナル企画で社会貢献し、講演と著述で拡大再生産。死ぬまで現役、アクティブライフで日本と世界をかけまわる」

そのビジョンを真ん中に書き込んだのです。すると、急に目の前の霧が晴れていくような気持ちになりました。**それは自分の人生の扉が開いた瞬間でした。**

こうしてできあがったのが、初代のビジョン・ロードマップです。

そのときはまだビジョン・ロードマップという名前ではなく、思いつくまま書いていったので、見栄えがいいとは言えない出来でした。

それでも、そのマップをつくり上げたことで、明日から何をすればいいのかが明確になったのを覚えています。**マップを部屋に貼り、毎朝目にするたびに、漠然とした不安感も消え去っていきました。**

それからの私の人生は、ビジョン・ロードマップと共にあります。

毎年、ビジョン・ロードマップをつくっているうちに、今のように「キャリア」「ライフスタイル」「人間関係」「お金」の4つの項目に定まっていきました。

ビジョン・ロードマップで手に入れた「振り回されない人生」

さて皆さんも、ファミリーレストランなどでドリンクバーを利用したことが一度はあるのではないでしょうか。30年以上も前の話になりますが、そのドリンクバーを全国隅々に広げたのは私たちのチームと現場のセールスパーソンの方々です。

米国ではドリンクバーは一般的だったのですが、当時の日本ではまだそのサービスが遅れていたので、上司から「日本の飲食店にドリンクバーを広げ、もっともっとお客様に我々の品質の高いソフトドリンクを楽しんでもらおう！」と号令が出たのです。

そこで、私たちチームが先頭となり、セールスパーソンに研修を提供することになりました。

それまで講師として教えたことは一度もなかったので、私には全く自信がありません

でしたが、体験を拡げるために手を挙げることにしたのです。

幸い、先陣を切っていた米国の実例をもとに、日本版のトレーニング・マニュアルを完成させ、私たちは全国でトレーニングを開始していきました。

その結果、「飲食店で、ソフトドリンクの飲み放題を受け入れてもらえる自信がない」と心配していたセールスパーソンたちも次第に商談で成功するようになりました。

みんなが生き生きと自分に自信を持つ姿を見て、私は味わったことのない充実感を覚えていました。**「人の成長に貢献する」ことに喜びを感じた最初の体験です。**

それはまさに、ビジョン・ロードマップで描いた「**若い人の成長支援＋オリジナル企画で社会貢献したい**」というビジョンそのものでした。

そのように、マップに書かれていたことが一つ一つ実現していくようになり、**描いた通りの新しい人生を送れるようになったのです。**

ビジョンを明確にして「達成する」と決断した瞬間から、自分の身の周りで変化が起

きはじめました。

もし、学生時代にビジョン・ロードマップを知っていたら、ここまで苦労しないで自分らしい生き方をしてこられたかもしれない。

そんな想いが芽生えた頃、都内の大学に勤めている友人に、「ビジョン・ロードマップを学生に教えてみたい」と言ってみると、「それなら、僕の講義のコマを使って試してみる？」と勧められたのです。

とはいうものの、学生に「ビジョン・ロードマップをつくってみましょう」と呼びかけても、どこまで真剣に取り組んでもらえるのかは分かりませんでした。

結果は、いい意味で予想を裏切られ、学生は楽しそうにビジョン・ロードマップをつくり、みるみる成長していきました。

自分がどういう人間なのか、本当はどんなことに情熱を注げるのか、何が自分にとって幸せなのかを深掘りしていくうちに、**それまで知らなかった「本当の自分」が見えてくるのだと思います。**

そのビジョンをもとにキャリアを描くと、ワクワクするような将来が自分の前に広がっているのだと気づくのでしょう。

2010年の春、私はロードマップに描いた通り、55歳で早期退職し、同時に沖縄に移住しました。その後、複数の大学で講座を持ったり、企業研修に招かれるなどして、あちこちでビジョン・ロードマップを紹介しています。

実は、ビジョン・ロードマップはより多くの科学的視点を加えて進化し、社員の幸福や自律的キャリア構築をうながす意味で大手優良企業でも歓迎されています。

科学的視点とは**世界最高峰の研究者たちの知見を加え、より確実に幸せを実現できるように設計した**という意味です。

さて、沖縄での朝は、目の前に広がる大きな空と碧い海を眺めることから始まります。保護犬たちとの静かな時間を過ごす傍ら、ビジョナリー（ビジョンを持ったこれまでの受講生）との交流を楽しんでいます。

もちろん、私自身も毎年ビジョン・ロードマップを更新し、そこに描いたビジョンを実現していっています。**世の中の情勢にも、他人の評価にも、お金にも振り回されない人生を手に入れることができました。**

それは私だけではありません。ビジョン・ロードマップをつくり、行動し続けた多くの受講生が、同じように自分の足でしっかりと立てるようになりました。

皆さんもビジョン・ロードマップをつくることで、**誰にも何にも振り回されない、「自分らしい人生」を手に入れていただきたい**と心から願います。

専業主婦からおシャレなパン屋さんに！　神戸さんのケース

私が取材を受けたNHKのとある人気情報番組の中で、受講生代表として登場した神《かん》戸《べ》さえさんについてご紹介します。神戸さんは結婚後、専業主婦になって三人のお子さんを育てあげました。

やがて、上のお嬢さんが大学に入学したとき、ふと「私自身はこれから何をすればいいんだろう」と考え込んでしまいました。

そのとき、明治大学リバティアカデミーの「女性のためのスマートキャリアプログラム」（以下スマキャリ）というビジネスプログラムを知り、受講することにしたそうです。このビジネスプログラムは、出産や育児のために仕事を中断した女性や、さらにキャリアを伸ばしたい女性を対象にしています。

スマキャリは私がもっとも熱意を持って「ビジョン・ロードマップ」を提供させていただいている場のひとつです（2015年度〜2023年度現在）。

当時、神戸さんは49歳。あと1年で50代になるというタイミングだったので、漠然とした不安や焦りがあったのでしょう。

講座でお会いしたばかりの頃は、あまり笑顔はありませんでした。連日、新幹線を使って小田原から御茶ノ水のキャンパスに通われていました。**真剣に「自分らしい人生の後半」をつかもうとされていた**のだと思います。

彼女は、ビジョン・ロードマップをつくるために、さまざまな分析をして自分の強みや傾向値を知ることができました。しかし、あまりに職業経験がなくて、「私にできることなんてあるのかしら」と不安だったようです。

そこで、私が「もっとも時間をかけてきたことをビジネスにするのが望ましい」とアドバイスすると、**その一言が彼女の人生の扉を開けました。**

実は、彼女は25年間、趣味でパン作りを続けていたのです。早速「地元に貢献できる、私らしいパン屋さんを開業する」というビジョンを描き、仲間の前で発表しました。

その後の神戸さんの行動力には並外れたものがありました。

パン屋さん開業への熱い想いが周りにも伝わったのか、近くのカフェからは「神戸さんのパンをお店で出したい」、小田原市からは「パン祭り」を任されるなど、嬉しいお話が次々と飛び込んできました。

高校の学園祭ではキッチンカーで出動して、600本のホットドッグを売るなど、自分でも信じられないほどの行動力が湧いてきたのです。

しかし、いざ起業となると、すべてが順調に進んだわけではありません。開店のための資金調達、スタッフとの意見の食い違い、地元の原材料をどのように活かして、どう採算をとるのか、頭の痛い問題は山積みです。

ようやく立地の良い店舗を見つけ、居ぬき物件の契約にこぎつけてホッとしたら、実は店舗の奥は老朽化していて、かなりの設備投資を余儀なくされたのです。

それでも3年後、神戸さんは壁を乗り越えて地元でパン屋を開業します。地元の原材料にこだわり、地域貢献型パン屋として注目され、メディアでも取り上げられるようになりました。

もちろん、質も高く味もおいしいので、今ではすっかり人気店になっています。お店の中にとどまらず、マルシェやイベントにも参加し、そこでも彼女のパンの販売を心待ちにするファンが増えていきました。

再会のとき、彼女は私にこう語ってくれました。

「今までの私は誰かの娘、誰かの妻、そして誰かの母でした。でも今は神戸さえという

自分を生きることができています」

その後も、神戸さんはソムリエの資格を取って地元のワイン事業を立ち上げるなど、勢いが止まりません。

夢を叶えた神戸さんの描いたビジョン・ロードマップは、ご本人の許可を得て巻末に掲載していますので、是非ご覧になってみてください。

他にもビジョンを描いて、人生を大きく動かした受講生たちがいます。

学生時代に講座を受講して大志を抱き（決して経済的に豊かではない環境にありながら、奨学金とアルバイト代を繋いで）、米国と東南アジアへの留学を果たし、その留学体験と語学能力でみごと第一志望の商社に入社。グローバル規模で活躍している若者たちもいます。

また、専門性を上げながら、同時に家族との時間も大事にできるという、双方を満たす転職を成功させた中間管理職の方などもいらっしゃいます。

このように、老若男女を問わず、ビジョン・ロードマップで人生が変わり、迷いなく目的地に向かって進んでいけるようになります。

今、この地球上では戦争が起きたり、コロナ禍で経済がストップしたり、ＡＩが台頭して淘汰される職業が増えていくなど、先行き不透明の時代です。今の仕事にしがみついていても、その仕事がいつまであるのかも分からず、不安が常につきまといます。

一方で、私たちの人生の時間は限られています。世の中を憂いている時間はありません。

本当に自分がやりたいこと、なりたい自分を見つけて行動を起こし、未来の明るい人生に向かってまっしぐらに歩む。それが悔いなき人生に繋がるのではないでしょうか。

混迷の時代に、**自分の羅針盤となるのがビジョン・ロードマップ**なのです。

第1章

なぜ人は「やりたいこと」が見つからないのか

私たちはいつから「やりたいこと」を失ったのか

皆さんは今、心の底からやりたいと思っていることはありますか？

この問いに即答できる方は少ないと思います。**多くの方は、「やるべきこと」「やらなくてはならないこと」はあっても、純粋にやりたいことを失っています。**講座の受講生たちも例外ではありません。

なぜ、そうなってしまったのでしょうか？

私たちは、子供の頃からクラスの一員として**周りに合わせて協調する教育**を受けてきました。はみ出た行動を数回繰り返すと、親御さんが学校に呼ばれて注意されます。「みんな、ちゃんとやってるでしょ！」と周りと比較されたり、「みんなガマンしてるんだから」と我慢を強いられたり。

そうやって周りに合わせるのが上手になるにつれ、自分という軸を見失っていきます。

さらに、受験という目標を無条件で与えられ、半ば強制的に受験勉強を課せられます。そして社会に出てからは**会社や組織でいっそう協調性や従属性を求められます。**参加したくはない飲み会に参加し、周りが残業しているから仕方なく残業し、面白くなくてもムリして笑い……そのような日々を送っていたら、自分が本当に何をやりたいのかなど、考える間もないでしょう。

そしてお給料をもらい、安定した生活をしているうちに、疑問を持たないまま、自らを「**見えない柵**」に閉じ込めてしまうのです。

確かに、やりたいことがなくても生きてはいけます。

目の前の仕事をこなしていても、それなりに充実感や達成感はあるでしょう。けれども、**自分を「柵」に入れ続けていたら「本来の自分」がなくなり、魂のない人間になってしまいます。**

カズオ・イシグロ脚本、オリヴァー・ハーマナス監督の映画『生きる』（リメイク版）に登場する主人公のウィリアムズが、部下たちから「ゾンビ」と呼ばれてしまったように。

「夢」や「目標」を設定するのに遅すぎることはない

自分を閉じ込めている「見えない柵」。その柵にいるうちにも「やりたいこと」を見つけ、**柔軟に変身して飛び出していく能力**こそ、「変化の時代」「人生100年時代」にもっとも求められる能力です。

ここで、私の大先輩だったシニア世代、渡辺さん(仮名)の話をご紹介します。

渡辺さんは優良企業に就職後、子会社の社長として63歳まで勤め上げ、退職。40年間、まさに彼にとっては「**会社こそ我が人生**」、典型的な「滅私奉公型の企業戦士」でした。

しかし、定年退職したその翌日から事態は変わりました。

みんなから「お疲れさまでした」と、万歳! で送り出されたはずの渡辺さんが、いつものようにネクタイを締め、スーツを着て、「部下にいくつかアドバイスを伝え忘れた」と会社に向かったのです。

案の定、会社に行ったらビル内になかなか入れてもらえず、すごすごと帰ってきました。

いくつか「コンサルタントとして迎えたい」と言われていた会社もありましたが、連絡しても殆どが「本気にしていたのか」というような対応でした。

渡辺さんは、**僅か3か月で歩けなくなりました。**

生き甲斐どころか、毎日行くところも、やりたいことも気力もなくなり、あっという間に心も身体も衰えてしまいました。

幸い彼は勤勉で努力家でしたから、治療と運動で体を回復させ、**「人生の目的地」探しに全精力を充てました。**

そして3年の歳月をかけ、生涯のビジョンを見つけたのです。

「日本中に桜を咲かせ、日本人の高潔な心を未来永劫、引き継いでいく」

渡辺さんは「日本冬桜の会」を立ち上げました。

そのうち、賛同してくださる方々が現れはじめ、会員は100名、150名と増えていき、全国ベースでの植林を目指すことになったのです。

そして次世代にその意志を引き継ぎつつ96歳でその生涯を終えるまで、渡辺さんは全国の学校・病院・公園に桜を次々咲かせていきました。

彼の姿を間近で見ていて、ひとつの組織で滅私奉公し続けることのリスク、退職前に充分な準備と助走をしないリスクをひしひしと感じました。

同時に、**ビジョンを持つことに遅すぎることはない。いくつからでも、明るい未来に向かって、自分の人生を輝かせることができる**と気づかされた出来事です。

メソッドの神髄は「なりたい自分」の可視化と科学的視点

ビジョンは、序章でお伝えしたように、「将来に対する見通し、未来像、視覚」という意味の言葉です。私なりの表現で言うと「なりたい自分像」であり、さらに進めた解釈では、「人生の目的地」だと考えています。

自分が10年後、20年後、30年後にどうなっていたいのか。そういった目的や到達点がビジョンになります。

ビジョンと似た言葉で「夢」は、フワッとした願いみたいな感じですし、「ゴール」は「到達点」というニュアンスなので、ビジョンとはやや異なります。

目を閉じて思い浮かべると、「ワクワクする」イメージ。それがビジョンです。

そして、ロードマップは道路地図や工程表、進行計画のことです。ビジョンを掲げるだけではなく、達成までのスケジュールを示したものです。

つまり、ビジョン・ロードマップは「なりたい自分像」を明確にして、達成までのアクション計画とスケジュールを描くものになります。全体の手順は次の通りです。

ステップ① ミッション＋自分の幸せの定義を考える
ステップ② 自己分析をする
ステップ③ ビジョン・ロードマップを作成する
ステップ④ 3年後の自分を考える

ステップ1と2であらゆる角度から幸せについての自己分析をしてもらい、ステップ3で1枚のマップにキャリア、ライフスタイル、人間関係、お金の4つのビジョンを描き、最後の仕上げであるステップ4で「3年後の自分」を書き込みます。

ビジョン・ロードマップを描くポイントは、「5年後に起業して3年で年商1億円を達成し、私生活ではタワマンに住む」のように**文章で表現するのではなく、イラストをメインにします。**

これはマインド・マップの考案者・トニー・ブザンが「脳の第一言語は文字ではなく

イメージ」と教えているように、**脳に残るイメージ画像は、文字より強い**からです。

例えば、会社の建物や、スーツ姿でキリッとしているイラストを貼り付けて、「将来起業しているビジョン」を表します。

イラストは自分で描いてもいいですし、ネットで無料のイラストを提供するサイトから好きなイラストをプリントアウトして、**切り抜いてマップに貼り付けてもいい**でしょう。手作業でマップをつくり上げていく楽しさを味わえます。

手作業が面倒な方は、巻頭のマップをスキャンして、**パソコンやスマホで作業してもいい**と思います。

また、見本のビジョン・ロードマップのように、**ひとつのビジョンにつきひとつではなく、数年にわたって実現していきたい複数の目標を描きます。**

そうすることで、自分は未来に向けて、「こんなにも実現したいビジョンがあるんだ」と意識が前向きになり、行動に移す原動力となります。

目標は紙に書いて貼っておくといいと言われますが、私は成功している自分を想像しやすくするためには、イラストでマップをつくるほうが圧倒的に効果があると確信しています。

さらには、ビジョン・ロードマップは、**ビジョンが実現したら、イラストから写真に替えています。**例えば、起業したら、自分のオフィスの写真を撮って、イラストと差し替えます。

そうやって次々にイラストが写真に替わっていくと、より達成感を味わえますし、イラストのままの目標は「頑張って実現させよう」とモチベーションが上がります。

夢を夢のままで終わらせるのではなく、現実にするための仕掛けもあるのが本メソッドの強みです。

ただ、いきなりビジョン・ロードマップをつくろうとしても、なかなか思い浮かばないものです。

そこで、ワークをして自分の内面を掘り下げていく作業を先にしてから、ビジョン・ロードマップを作成する作業に入るようにしています。

ワークをするのは最初の1回だけで、次にビジョン・ロードマップを更新するときは省略して、マップだけをつくってもいいと思います。

実は、ワークをしたり、ビジョン・ロードマップを作成している時間が何よりも大事です。

普段、なかなか自分自身を見つめ直す時間は持てないものです。もしくは、「今さら自分を知るなんて恥ずかしい」と思う方や、「自分のことは自分が一番知っている」と思う方もいらっしゃるかもしれません。

そのような方も、是非一度、ワークをしてみるのをオススメします。

自問自答しながら自分を掘り下げていく作業をするうちに、「自分はこんな面があるんだ」「そういえば、昔はこんなことに夢中になっていたっけ」と、さまざまな気付きを得られます。

そこから「自分が本当にやりたいこと」や「なりたい自分」が見つかり、新しい人生が始まります。

ビジョンに大小は無い。大切なのは「自分らしさ」

ここで誤解のないようにお伝えしておきたいのですが、**「ビジョン」は、華やかなものである必要は全くありません。**誰もが社長になる必要もないし、大金持ちになる必要もない。競争も全く不要なのです。

例えば、ある受講生は次のように「人生の目的地」を描きました。

「3人の子供たちの成長によりそい、しっかりとした倫理観を持つ人間に育てる。妻の自己実現を助け、良き父親、良き夫としてその役割を楽しむ。仕事では、地道な努力を重ねて経理担当者としての専門性を上げ、どの組織でも役立てるプロフェッショナルになる。子供たちが大学に入ったら、2拠点生活の計画を立て、その5年後には大好きな田舎で野菜づくりを始める。ちょっと不細工だけど、愛情込めた野菜が食卓に並ぶのが楽しみ」

いかがでしょうか？　**自分らしさに溢れた「人生の目的地」＝「ビジョン」だと思いませんか？**

社会に出ると、ともすれば目の前の仕事に追われ、その役割に満足してしまうことで、私たちは「人生の目的地」を持たないまま、大事な時間を過ごしてしまいます。

- 今の仕事を辞めたいけれど、次にどんなキャリアを選べばいいのか分からない。
- 仕事に全力投球して役職は上がったが、家族との会話が無くなってしまった。
- 5年後には定年退職を迎えるが、その後の人生の明るい未来が見えてこない。

これらの悩みは「人生の目的地」さえあれば、消えていきます。

ここまで読んで「その肝心のやりたいことがない」という方もいらっしゃるかもしれません。でも安心してください。

自分では意識していないだけで、皆さんの心の奥底に、なりたい自分ややりたいことは必ず眠っています。それを導き出すのがビジョン・ロードマップです。

私たちの究極のゴールは「幸せになる」こと

「だれもが幸福になりたいという目的をもって生きています。生き方は違っても、目的はみんなおなじなんです」

これはアンネ・フランクが遺した言葉（『アンネの日記』（文藝春秋）より）です。

私は大学生の一人に、人生の目的について聞いたことがあります。仮に学生Aとします。

藤　野：「A君、今一番頑張っていることは何？」

学生A：「宅建の資格を取るために頑張っています」

藤　野：「なぜ、宅建なの？」

学生A：「僕はデベロッパー（土地や街を開発する事業者）や不動産会社に興味があって、宅建は有利になるって聞いたからです」

藤　野：「そう。なぜ、デベロッパーや不動産会社がいいの？」

学生A：「もともと興味があったし、やり甲斐のある仕事ができると思ったんです。それに、大手デベロッパーに勤めれば、給料も結構いいし」

藤　野：「そうなの。じゃあなぜ、給料が高いといいの？」

学生A：「ウ〜ン……僕はまだ独身だけど、お金をたくさん稼げたら、未来の家族を幸せにできます」

どんどん「なぜ」を繰り返す、ちょっと意地悪な質問の連続のように聞こえますね。

藤　野：「なぜ、家族が幸せだったらいいの？」

学生A：**「家族の幸せは……つまりその〜、僕自身が幸せってことかな」**

その通りです。目の前の資格取得や、理想の就職先はあくまでも道具や過程であって**私たちの究極のゴールは「幸せになること」**、アンネ・フランクの遺した言葉は正しいことがお分かりいただけたと思います。

ビジョンを持つことは、幸せへの第一歩

ハーバード大学の組織心理学博士のタル・ベン・シャハー教授は、著書『HAPPIER』（幸福の科学出版）の中で「**幸せを極めるためには、意義と喜びと双方をもたらしてくれる目標を設定し、その達成を目指すことです**」と語っています。

また、スタンフォード大学の児童心理学者ウィリアム・デーモン教授は、著書『The Path to Purpose』（Free Press）の中で、「研究に研究を重ねるごとに、**目的ある人生は幸福のすべての側面に、密接に関連することがわかった**」と語っています。

「**幸せになりたかったら人生に目的（ビジョン）を持ちなさい**」

これは私たちへの、とても大切なメッセージです。

確かにビジョンを持ち、自分の明るい未来を語る人はとても輝いています。それは地位や名誉、お金があるかないかに振り回されない内面から湧き出る幸せです。

4つのビジョンがあなたを幸福へと導く

ビジョン・ロードマップは、**主にポジティブ心理学領域の情報や、世界幸福度調査の調査結果をもとに開発されたプログラム**です。これまで、幸福は「個人の主観」によるものだと考えられていました。

しかし、最近は科学の力（世界の研究者や調査を専門とする企業の努力）によって、「再現性の高い幸福」が解明されてきました。ビジョン・ロードマップでは自由気ままにイラストを貼るのではなく、大切な気付きを得ながら、ビジョンを描いていきます。

世界幸福度ランキングを調査しているギャラップ社の社員であったトム・ラス＆ジム・ハーターは、著書『幸福の習慣』（ディスカヴァー・トゥエンティワン）で、こう述べています。

「何かひとつに集中しても幸福は手に入らない。幸福への要素は相互に深く関係してい

て、どれかひとつだけを切り離して扱うことはできない」

キャリアやお金だけに集中しても幸福は手に入らないのです。

彼らは幸福要素を5つに分けたのですが、研究者の中には幸福要素を7つに分けたり、10以上に分類したり、さまざまです。ビジョン・ロードマップではシンプルでしかも充分、幸福感と充足感を得ることのできる4つのビジョンを柱にしました。

ビジョン① 心身を健やかに保つライフスタイル

ライフスタイルは、**どのような場所で暮らしたいのか、何に囲まれたいのか、食事、睡眠、運動、ストレス対応、休日の過ごし方、日々の習慣やポリシー**などを含めた生き方を意味します。とりわけ、デジタル社会では、うつ病や精神疾患患者数が急増しています。**肉体以上に心のケア**にも注力する必要があります。

ライフスタイルは、皆さんの主義や主張を静かに発信します。自分らしさに溢れ、健康を守り、満ち足りたライフスタイルをゼロから考えてみてください。

ビジョン②　キャリアと自己開発

仕事における充実感、達成感は人生の最重要課題です。最終的にどのような仕事を通じて、社会貢献を果たしていきたいのかを考えるのがキャリアのビジョンです。

望む仕事に就くために、どのような自己開発が必要なのか。また、自分は、本当は何をしたいのか。自分のモチベーション活動や強みを見つけて、挑戦したい仕事とゴールを明確にし、さらにはアクション計画を策定していくステップです。

ビジョン③　内省と人間関係

「人間関係」の前に「自分との関係」は良好でしょうか？

私たちは煩雑で変化の激しいデジタル社会の中で、自分と向き合う時間を確保するのがますます難しくなってきています。

定期的な**内省の時間**（客観的な視点から自己の言動を振り返って、気付きを得ること）を確保し、そのうえで、自分を成長させてくれる人や、かけがえのない存在を棚卸しし、人との繋がりを考えます。

ビジョン④　お金の管理

将来に対し、国も企業も頼れない時代になりました。私たちは自分で自分のお金を守り、賢く増やしていく必要があります。

単に「お金が欲しい」「多ければ多いほどいい」と考えているだけでは現状は何も変わりません。

この先、どのような人生を送りたいのか、そのためにどれぐらいのお金が必要なのか。お金のビジョンで、自分らしい資産計画を考えてみてください。

これら4つのビジョンのうち、ひとつやふたつが上手くいっても幸福は得られないのです。

4つのビジョンでバランスよく、より高いスコアを目指すことが重要です。

ビジョン・ロードマップでは、バランスよく人生を描くことによって、幸福感と充足感に満たされた人生を形づくっていきます。

第2章

目標や夢を実現するためにやるべき4ステップ

ビジョンを描いた瞬間から人生は変わる

ビジョン・ロードマップを描くと、あなたは何を手に入れることができるのか。いくつか代表的なものをご紹介します。

1 「やりたいこと」が見つかる

ここまでも繰り返しお伝えしてきましたが、**ビジョン・ロードマップの最大の効果は、やりたいことが見つかる点です。**

何十年も、とくにやりたいことを持たずに過ごしてきた方であっても、ワークを進めるうちにやりたいことが少しずつ見えてきます。

それも、「まわりがみんなやっているから」「親にやれと言われたから」という理由ではなく、心の底から自分がやりたいと思うことを発見できるのです。

すでにやりたいことがある方は、マップをつくりながらどのように実現すればいいのかを考えるので、行動を起こしやすくなります。

2 「なりたい自分」になれる

これも、ここまでにお伝えしてきた効果のひとつです。

例えば、人見知りが激しくて、友人が少ない方がいるとします。

ビジョン・ロードマップで**「成長し合える仲間に囲まれて、楽しくワイワイと過ごす」というビジョンを描いて行動したなら、その通りになる可能性は高くなります。**

これは、友人に囲まれている自分をイラストにして視覚化したから、実現に結びつくのだと考えられます。

3 人生の目的地を定める、だから迷いがなくなる

人生は航海にたとえられます。

凪いだ海のように穏やかな日々が続くこともあれば、突然嵐の海に放り出されたようなトラブルに巻き込まれることもあります。

時には、船が転覆しそうになることも……。それでも、その荒海を乗り越えられたと

き、目指すべき陸地が見えてくるはずです。

航海には必ず海図と目的地（港）があるように、ビジョン・ロードマップを描くと人生の目的地を定められます。

ビジョンを描くと自分の立ち位置がしっかり分かり、自分軸も明らかになっていくので、漠然とした不安感やモヤモヤから解放されます。

4 有限の資産を集中投下できる

私たちの持つ時間やエネルギー、資産（お金）は有限です。容赦なく情報を浴びせられるこのデジタル社会の中で、**さまようことなく、自分の描いた目的地に向かって、あなたの貴重な資産を集中投下できます。**

5 応援してくれる人が現れる

ビジョンを描くと、予想外の応援者が現れます。

よく「引き寄せの法則」と言われますが、**あなたがビジョンに意識を向けることによって、引き寄せが働きます。**

多くの受講生は、自分の描いたビジョンを周りに見せたり、話をしたら、予想外の応援者が現れて、ビジョンの実現が早まったと報告してくれています。

6 明るい未来に向かって追求の旅を楽しめる

私たち日本人の多くが、加点主義ではなく、減点主義でものごとをとらえがちです。「自分はこれができるから、すごい！」と考えるのではなく、「自分はあれもできない、これもできない」とできないことに目を向けがちです。

ビジョン・ロードマップでは、あなたのモチベーションや強み、つまりポジティブな面に目を向けてワークを進めるので、あなたがどれだけ無限の可能性に満ちているか、気づかされます。

あなたの明るい未来に向けて、ワクワクする追求の旅を楽しめるのです。

ビジョン・ロードマップをつくる4ステップ

本書の巻頭についているビジョン・ロードマップを広げてみてください。真ん中に楕円のスペースがあり、そこから放射状に4つのスペースに分かれていますね。

4つのスペースに書き込むのは、キャリア、ライフスタイル、人間関係、お金のビジョンです。

真ん中から埋めたくなりますが、ここを埋めるのは最後です。

1 ミッションをつくる（上部のミッションのコーナー）

2 4つのビジョンをつくる

3 「3年後になりたい自分」を中央のスペースに書き込む

ビジョン・ロードマップは大きく分けてこの3つの作業をすることになります。

本書では、次のようなステップでつくっていきます。

ステップ① ミッション＋自分の幸せの定義を考える

まず、自分のミッションを考えて、ミッションのコーナーに書き込みます。ビジョン・ロードマップは、４つのビジョンが柱であるなら、ミッションと幸せの定義は柱を支える土台となります。

ステップ② 自己分析をする

いきなりビジョン・ロードマップを作成するのではなく、簡単な自己分析のワークをしていただきます。

なぜなら、自分がどういう人間なのか、本当は何をやりたいのかが分からなければ、マップをつくれないからです。

どのような人生を送ってきたのかを振り返り、自分はどのような人間なのかを深掘りする。それからマップの作成に入ります。

ステップ③　ビジョン・ロードマップを作成する

②のワークで自分の内面を掘り下げたら、ビジョン・ロードマップを作成してみましょう。**巻頭のビジョン・ロードマップの4つのビジョンのスペースに、自分なりのビジョンを描いていきます。**

ステップ④　3年後の自分を考える

4つのビジョンを描いたら、最後に真ん中のスペースに3年後に自分がどうなっていたいのかをイメージして書き込みます。これは「自分はこうなりたい」という宣言でもあります。

さて、それではいよいよ、**ビジョン・ロードマップをつくるための旅を始めましょう。**

それは真っ白なキャンバスに、ワクワクと絵を描くような素敵な体験になるはずです。

「**あなたの明るい未来は、あなたの手で描く**」その高揚感を味わってみてください。

自分の価値観を発見・深掘りするワーク

「えっ、ビジョンではなく、ミッションですか？」と言われそうですが、そうです。

ビジョンを描く前に、ミッションに取り組んでもらいたいのです。

ビジョンとミッションは、実は似て非なるものです。

ビジョンは「人生の目的地」「なりたい自分像」で、自分の内側から湧き上がるもの。**対して、ミッションは外側から、社会から受け取る「社会的使命や役割」を意味します。**

例えば、環境問題や子供の貧困問題、差別や若者の自殺など、さまざまな問題が私たちを取り巻いています。

日本人の幸福感や自己肯定感が低いのも課題ですね。

そのような問題に対して、**自分はどのような役割を果たしていくのか、世の中をより**

よくするための行動指針がミッションです。

グローバル企業で働いていた頃、欧米のエリートたちが持っているシステム手帳のトップページには必ずと言っていいほど、**ミッション・ステートメント**（理念や行動指針）が書いてありました。

新年を迎えた1月には、「今年のミッション・ステートメントはこれにしたんだよ」と見せてもらったのを覚えています。

実は彼らだけでなく、私たちにとっても行動指針を持つことは大切です。

ミッションとビジョンは、どちらが上とか下とか、そのような概念はありません。ただビジョンを達成するために行動を起こし続けていると、ミッションが強い心の支えになっていることに気付くでしょう。

ビジョン・ロードマップも、ミッションを考えるところからスタートします。

なお、ワークの回答を書籍に直接書き込むのをためらう方は、ノートを用意してそちらに書いていただければと思います。

ミッションづくりのワーク①
自分の価値観にフィットした言葉を5つ選ぶ

さてここから楽しいワークが始まります。たくさんの言葉から、自分が大切にしている言葉、好きな言葉を選んだことはありませんか？

これは「価値観を見つけるカード」と呼ばれるものですが、その言葉の通り、**自分が大切にしたい価値観をあらためて確認する効果があります。**

私の場合、「専門性」「信頼」「挑戦」「愛」「貢献」の5つを選びました。あなたも約一分の時間で、次のページから5つの言葉を○で囲んで選んでみてください。

選ぶコツは長く考えすぎないこと。長く考えすぎると大事な直感が鈍って、言葉を絞るのが難しくなってしまうからです。

ゲームとしても使われるこのワークですが、実は重要なメッセージがあります。

記入例

大切にしたい5つの価値を選ぶ

計画	平和	打開	集中	気遣い	支配
未知	改善	リーダー	斬新	成功	探求
全体最適	影響力	利他	プレイヤー	愛	感情
正確	一体感	仕組み作り	発明	競争心	変化
試行錯誤	改革	感覚	発想	和	安定
集団	新分野	こだわり	自立	役に立つ	成長
着実	任される	自分らしさ	認められる	影響力	対話
革新	究明	専門性	感謝される	責任	繋がり
仕切る	独創的	分析	達成	自由	共感
ルール	知性	創造	協力	信頼	前進
役割	論理的	成果	挑戦	学び	自信
ユーモア	知識の深さ	本質	聞き役	根性	奉仕
地道な努力	納得	面白さ	貢献		

ワーク

大切にしたい5つの価値を選ぶ

計画	平和	打開	集中	気遣い	支配
未知	改善	リーダー	斬新	成功	探求
全体最適	影響力	利他	プレイヤー	愛	感情
正確	一体感	仕組み作り	発明	競争心	変化
試行錯誤	改革	感覚	発想	和	安定
集団	新分野	こだわり	自立	役に立つ	成長
着実	任される	自分らしさ	認められる	影響力	対話
革新	究明	専門性	感謝される	責任	繋がり
仕切る	独創的	分析	達成	自由	共感
ルール	知性	創造	協力	信頼	前進
役割	論理的	成果	挑戦	学び	自信
ユーモア	知識の深さ	本質	聞き役	根性	奉仕
地道な努力	納得	面白さ	貢献		

その言葉が実現されていない状態だと、あなたは幸せだと感じることが難しくなります。**反対にその価値が実現された状態、あるいはその方向に向かって進んでいると感じると幸せな気持ちになれます。**

例えば、講座の中でも「自由」を選ぶ方は多くいます。その方たちはきっと、仕事での拘束時間が長かったり、上司に細かく指示をされたりすると、他の人以上に、辛さや閉塞感を覚えてしまいます。

反対に自由度の高い仕事をすでに選んでいる方や、「自由度の高い仕事」を目指して何かしらの行動を開始している方たちは、幸福感を持つことができています。

東京のある大学で300名にカードを選んでもらったら、同じ年齢で同じような教育を受けているにもかかわらず、驚くほどバラバラのカードを選んでいました。

1つか2つ、他の生徒と同じカードを選んでいたとしても、4つや5つが重なることはありませんでした。

価値観が異なるということは、幸せだと感じる土台がそれぞれに違うということ、つまり、「**あなたの価値観はあなた固有のもの、他の誰とも同じではない**」のです。

ミッションづくりのワーク②ミッションをつくる

それでは①のワークで選んでいただいた5つの言葉でミッションをつくっていきましょう。サンプル文例を見ていただければ、一番分かりやすいですね。

例えば私の場合、選んだ言葉は「**専門性**」「**自信**」「**挑戦**」「**愛**」「**貢献**」。

ミッションは、

「高い**専門性**と惜しみない**愛**を結集したビジョン構築法を提供する。
自らの才能を**信じ**、人生に**挑戦**する素晴らしさを伝える。
藤野公子の静かな**貢献**で人々の心に刻まれたい」

記入例

5つの価値を入れてミッションを書いてみる

あなたの大切な価値観を反映したミッション
高い専門性と惜しみない愛を結集した 「ビジョン構築法」を提供する 自らの才能を信じ 人生に挑戦する素晴らしさを伝える。 藤野公子の静かな貢献で 人々の心に刻まれたい

5つの価値観キーワードをここに並べる				
愛	専門性	信頼	挑戦	貢献

ワーク

5つの価値を入れてミッションを書いてみる

あなたの大切な価値観を反映したミッション

5つの価値観キーワードをここに並べる				

受講生の一人、現在は大手金融機関にお勤めの土田氏は「**和**」「**専門性**」「**安定**」「**貢献**」「**感謝される**」の5つを選び、次のようなミッションを考えました。

「家族の**和**を大事にし、良き夫・良き父・良き兄たる
高い**専門性**を持ち、組織・地域・社会に還元
健康とお金に不安のない**安定**した状態
多くに**貢献**し、**感謝**され、生まれ変わっても
また『同じ人生を選べる』人生にする」

素敵なミッションですね。

コツは、できるだけ短い文章に収めること。最初から感動的で美しい文章にしようとか、あれもこれもと欲張るとかえって上手くいきません。粗い文章でも、更新ごとに良くなっていきますので、最初は心配せず、短時間で書き上げてみましょう。

ミッションは心に刻まれ、あなたが決断できないときに背中を押してくれます。

幸福を定義する「短期的な幸せ」と「長期的な幸せ」

さきほど、「私たちの究極のゴールは幸せになること」だとお話ししました。同時に、**「あなたの価値観は固有のもので、他の誰とも一緒ではない」**ということもご理解いただいたでしょう。それではここで、

「あなたが幸せと感じるのは、どんな状態にあるときなのか」
「あなたが幸せと感じるのは、どんな活動をしているときなのか」

つまり、あなたの**「幸福の定義」**を考えて書き出してみましょう。

「幸せになりたい」と誰もが望んでいるはずですが、**あらためて「じゃあ、あなたにとっての幸せってなんですか？」と聞かれたら、答えられるでしょうか？**

すぐに「私の幸せは～です」と即答できる方は少ないと思います。

記入例

あなたにとっての幸福とは：幸福の定義

短期的な幸せ（喜び）	長期的な幸せ（意義）
友人との楽しい会話と食事	新たな学びで成長を感じるとき
運動で良い汗を流す	仕事でチームに貢献できるとき
新しいアプリでひとつ便利に	後輩に上手く教えられたとき
四季の美しさに触れる時間	家族と自分の良好な健康状態
週末の計画を立てているとき	ビジョンの進捗確認ができたとき
保護犬たちとの毎日の散歩	独り旅での内省時間

ワーク

あなたにとっての幸福とは：幸福の定義

短期的な幸せ（喜び）	長期的な幸せ（意義）

前述のタル・ベン・シャハー博士によると、幸せは短期的な幸せ（喜び）と、長期的な幸せ（意義）の2種類があると言われています。

まず、「**短期的な幸せ（喜び）**」について。皆さんも、おいしいものを食べたり、親しい友人とおいしいお酒を飲むと「幸せだ」と感じますよね。温泉に入って「極楽だ」と感じたり、自然豊かな場所に行って癒されたり。その瞬間、感じる喜びが短期的な幸せです。

対して、「**長期的な幸せ（意義）**」は、社会に対する貢献や意義、自分のビジョン、つまり「人生の目的地に近づいている」と感じるようなことです。

例えば、資格を取得できたときとか、家族の幸せに貢献できたとき、地域社会に対して自分が役に立ったと感じることができたり、どちらかというと喜びが長く続く幸せです。

次に、私の「幸せの定義」について書きましたので、参考にしてください。私は現在、沖縄に移住して、目の前に碧い海が広がる環境で暮らしています。

短期的な幸せ

- 朝一番に目の前に広がる大きな空と碧い海を眺めるとき
- 桜や紅葉、自然の四季折々の変化を肌で感じるとき
- 保護犬たちとの散歩時間
- 新しいアプリやITツールが上手く使えたとき
- 贅肉の無いシンプルな暮らしが実感できたとき
- モノやコトを「手放す」ことで自分が軽くなったとき
- 朝起きて「今日は予定がゼロ！」と感じたとき

長期的な幸せ

- 次世代の成長を支援できたと感じたとき（仕事そのものです）
- 海辺のカフェで自分の研究に集中できたとき
- 先人たちの遺してくれた偉大な資産と出会えたとき

■ 僅かでもビジョンへの歩みが実感できたとき
■ 独り旅で徹底的に内省できたとき
■ 高齢の母親に寄り添って、しっかりケアできたとき
■ 殺処分対象の犬たちを助けて、温かい里親さんに繋いだとき

あらためて「幸せの定義」を書き出してみると、**意外に幸せな時間が持てている**などあなたも感じるかもしれませんね。さあこれで「あなたの幸せって何ですか？」と聞かれても、すぐに「私の幸せは……」と答えられるはずです。

それではあなたの「幸せの時間」をさらに増やし、さらに質を高められるよう、４つのビジョンを描いていきましょう。

ミッションづくりのワーク　まとめ

■ 自分の価値観にフィットした言葉を５つ選ぶ
■ 社会的ミッションをつくる
■ 自分の幸せを定義する

第3章

ストレスを減らす「ライフスタイル」の見直し方

ライフスタイル・ビジョンのワーク①
ライフスタイルの満足度は何点？

いよいよ、この章から4つのビジョンのワークに入ります。

第1のビジョンのライフスタイルは、直訳すると個人の生活様式やパターン（習慣）を意味します。自分らしさ、人生観や価値観、主張などを表すとも言えます。

具体的には**住む場所・何に囲まれたいか・食事、睡眠、運動・そしてストレス対応を通してライフスタイルを考えましょう。**

まず、あなたのライフスタイルの満足度は100点満点中、何点になるか幸福の点数をつけてみてください。

自分の生活全般を振り返ってみて、トータルで点数をつけましょう。

仕事・人間関係・お金のことは入れないでくださいね。**そして100点でない限り、何が足りないのか、是非、考えてみてほしいのです。**

そして100点をつけた方は、今のライフスタイルを維持するために、そしてさらに充実させるために何をしたらいいのかを考えてみてください。

私の場合、沖縄に移住してから、グンとスコアが上がりました。90点以上です。現役時代はまず睡眠時間が足りず、食生活も乱れていたと思います。ただ必ず週2回のエアロビクスには通っていました。よって当時は60点ぐらいだったと思います。

ある社会人グループでは、受講した全員が20点ぐらいだったこともあります。「朝ご飯を食べる時間がありません」「毎日終電です」「週末は寝てるだけ」という意見を聞きながら、「ひょっとしてブラックな働き方かしら？」と心配したことがあります。

ライフスタイルは、自分らしさを実現するための土台になります。

どんなにキャリアを上げても、お金があっても、気に入らないところに住み続けたり、不健康なことを続けたりしていたら、幸せとは言えないでしょう。

ライフスタイル・ビジョンのワーク②
自分らしさを実現する「場所」を考える

次に、「過去のライフステージごとに住んだ場所」「未来に住みたい場所の環境条件」の2つを考えてみましょう。

1 ライフステージごとの住む場所と環境条件

自分の過去をおおまかにライフステージで分けて振り返ります。

ここでは3つのステージに分けていますが、生まれてからずっと同じ場所で暮らしている方はこれまでと未来のふたつだけになるかもしれませんし、転勤が多い方は、もっとステージが増えるかもしれません。**ステージの分け方はあなたの自由です。**

私の場合は、

■第1ステージ

高校卒業までの時代（学びの時代）です。名古屋で生まれ、父の転勤で転々として四国にも住んだことがあります。

■第2ステージ

青年期（働く時代）です。大学を出て、グローバル企業を早期退職するまでの40年間は東京暮らしでした。

■第3ステージ

壮年期（新ステージ時代）に沖縄に移住し、東京と行き来しています。将来的に、北海道にもささやかな家を構えて、暖かい沖縄と涼しい北海道の大自然を感じながら暮らしていきたいと考えています。

2 住みたいと思える場所の条件

自分の住みたい場所の条件を考えましょう。

私の場合、母国語か英語でコミュニケーションができること、そして、人権が尊重さ

記入例

理想のライフスタイルをゼロから考える

ライフ・ステージごとの住む場所
第１ステージ（学びの時代） ■生まれてから中学：名古屋 ■高校四国・大学から東京 **第２ステージ（働く時代）** ■早期退職まで40年間東京 ■一時期ヨーロッパ・米国・都内５箇所引越し **第３ステージ（新ステージ、第２の人生）** ■国内では沖縄・札幌　欧米も可能性あり ■２拠点生活で大自然と四季を楽しむ

住むところ・環境の条件
■母国語または英語で会話ができ、人権尊重・動物愛護・地球環境保全に積極的な先進国 ■田舎の６畳一間でもOK、但し静かで保護犬と住めること、ネット環境は必須

ワーク

理想のライフスタイルをゼロから考える

ライフ・ステージごとの住む場所
第1ステージ（学びの時代） ■ ■
第2ステージ（働く時代） ■ ■
第3ステージ（新ステージ、第2の人生） ■ ■

住むところ・環境の条件
■ ■

れ、動物に優しく、経済より環境を守る先進国であることが条件です。

豊かな大自然があり、同時に医療などのインフラには不自由がない……などと**条件を考えているうちに、自分が住む場所に何を求めているのかが見えてきます。**

もちろん、キャリアを積極的に上げていく時代には「通勤に便利な場所」という条件であっても構いません。それが、今自分が一番望んでいる場所なのですから。

幸せに大きな影響を及ぼす「住む場所」

「住む場所」は幸福にとても大きな影響を与えます。

アメリカ大統領のご意見番にもなった都市経済学者・リチャード・フロリダは、次のように語っています。

「仕事と伴侶、つまり『何を』『誰と』行うという2つの選択は人生で大きな意味を持つ。**第3の大きな選択は『どこに』住むか**ということである。**この第3の選択こそ、仕事の成功・人脈・快適な暮らし、幸福感に至るすべてを決定するのである**」（『クリエイティブ都市論』リチャード・フロリダ著　ダイヤモンド社）

リチャード・フロリダの指摘は、好きな仕事や好きな相手はみんな真剣に選択するけれども、**住む場所については、まだまだ意識が低い**という意味です。

とくに日本人は四方を海に囲まれた安全な島に住んでいることもあり、「どこ」という選択をしたり行動に移したりすることが、難しい民族と言われています。

特定の国を除いて、世界の人々はＩＴのプロになるためにシリコンバレーに住んだり、芸術を勉強したかったらパリやローマに行ったり、自由に動いています。

もちろん、日本にも留学する方はいますし、海外で活躍している方もいますが、ごくごく少数派です。

日本では「先祖代々伝わる土地を守らないといけない」「長男だから実家を継がないといけない」「〇〇家に嫁ぐ」のように、いまだに家制度に縛られている方が少なくありません。また首都圏に仕事が集中しているので、止むを得ない事情もありますね。

ただ、**人生1回限りなのですから、他の国や、国内であっても別の土地に住む体験も悪くない**のではと思います。せっかくリモートで仕事をする選択肢も定着しつつありますし。

リタイア後のプランでも良いのです。制限をなくして住みたい場所を考えてみましょう。未来に明るいものを感じられる土地へ。柵から抜け出す第一歩かもしれません。

通勤時間が苦痛なのは世界共通

実は、ライフスタイルでもっとも日常の幸福度を低下させる原因になっているのが、通勤時間です。これは日本に限らず、欧米でも同じ傾向があります。

行動経済学者のダニエル・カーネマンがテキサスで働く909人の女性を対象に日常的な出来事に基づいて幸福度を測った調査があります。

それによると、**ワースト1、つまりもっとも幸福度が低いのは朝の通勤時間。ワースト2が仕事、ワースト3が帰宅の通勤時間**でした。

片道通勤時間の世界平均は32分30秒、日本平均は39分6秒だという調査があります。アメリカ24分2秒、イギリス29分6秒なので、通勤時間自体は、日本とそれほど差はありません（ワークプレイス・ソリューションプロバイダー　リージャス2014年調査）。

しかし、日本は乗車率200%の電車にすし詰めの状態での39分です。これは世界の都心部でも、なかなか見られない光景でしょう。

私もキャリアを上げている時代は、満員の地下鉄を乗り換えながら通う生活でした。貧血を起こしやすいため、途中で気分が悪くなって、一旦、地下鉄を降り、休みながら通った日もあります。通勤が、ライフスタイルの点数を下げる大きな原因のひとつであったことは間違いありません。

そこで、思い切って会社の裏に住むことにしました。歯を磨きながら走れば、朝の早い上司たちが出社する前に間に合うぐらいの距離です。

家賃は上がりましたが、気持ちに大きな余裕ができました。通勤で消耗していたエネルギーを習いごとに回し、念願の保護犬も迎えることができ、大きく幸福感がアップしました。やはり**通勤は、幸福感を大きく左右する要因**なのだとつくづく思った体験です。

ライフスタイル・ビジョンのワーク③「健康」を考えよう

「身体的な幸福感」を手に入れるために必要なことは何でしょうか？

すでに健康のために運動や食生活、睡眠などで実践していることがある方は、それを書き出してみましょう。健康のために何もしていない方は、自分なら何ができるのかを考えてみてください。

このとき、「週3日ジムに通う」「朝と晩は料理をつくる」などと決めると、いきなり

記入例

理想のライフスタイルをゼロから考える

健康のための活動
■運動：ヨガ、保護犬との散歩を1日3回
■休息：分割睡眠で8時間
■栄養：植物性たんぱく質とカルシウムを欠かさない

ワーク

健康のための活動
■
■
■

ハードルが高くなって挫折するかもしれません。「駅では階段を使う」「週末2回は料理をつくる」のように、**無理なくできることから始めると、継続しやすくなります。**

「ホリスティック」という言葉を聞いたことがあると思います。「心と身体はひとつ」という考え方ですが、変化の激しいデジタル社会で働き続けるためには、**肉体以上に心のケア（メンタル・ケア）を日常的に取り込む必要があります。**

心のケアについては、別のページでマインドフル瞑想について触れます。

身体的に幸福感が高い人の共通点

- 定期的な運動をして「いい汗」を流している
- 神経質にならない程度に食生活や規則正しい生活に気を使っている
- 年齢に関係なく、自分らしい「生き甲斐」と「繋がり」を持っている
- よく笑い、いつも「感謝」している

長寿のカギ!?　ブルーゾーンと9つのルール

人口統計学者のダン・ビュイトナーが書いた**『ブルーゾーン　セカンドエディション　世界の100歳人に学ぶ健康と長寿9つのルール』**（祥伝社）という本があります。

ダン・ビュイトナーは世界の100歳以上の人が多く住む地域について研究し、その地域を「ブルーゾーン」と名付けました。日本の沖縄もブルーゾーンに選ばれ、ダン・ビュイトナーは何度も沖縄を訪れています。

彼によると、**健康と長寿の9つのルール**は次になります。

［ルール1］適度な運動を続ける
［ルール2］腹八分で摂取カロリーを抑える
［ルール3］植物性食品を食べる
［ルール4］適度に赤ワインを飲む

［ルール5］はっきりした目的意識を持つ
［ルール6］人生をスローダウンする
［ルール7］信仰心を持つ
［ルール8］家族を最優先にする
［ルール9］人と繋がる

ライフスタイルのビジョンを考えるうえで、この9つのルールは参考になります。

私も『ブルーゾーン』を読むまで、**腹八分目という考え方は日本独自**のものだと知りませんでした。

腹八分も大事ですが、やはり「何を体内に入れるか」は体の内側から外側にまで影響するので、とくに加工食品の添加物などには注意を向けたほうがいいでしょう。

ブルーゾーンでは睡眠時間には触れていませんが、**研究者たちは1日8時間の睡眠時間が望ましい。但し、一度に8時間眠る必要はなく、昼寝という形で休息をとるのも効果的**と説明しています。

企業がパワーナップ（昼寝）を推奨するのはこのためです。

「運動は絶対にやるべき」その理由

定期的な運動は「やったほうが望ましい」というレベルではなくて、「絶対にやるべきだ」といえるぐらいの恩恵があります。

ブルーゾーンには沖縄以外に、イタリアのサルデーニャ島、アメリカ・ロマリンダ、中米コスタリカ・ニコジャ半島、ギリシャ・イカリア島が出てきます。

これら5つの地域で暮らす人は日常的にジムに行ったりウォーキングをしたりするなど、体を鍛えるようなことは全くしていません。

むしろ、日常生活が運動そのものです。

私たち現代人が考えないといけないのは、座りっぱなしの生活です。

最近、「**座り続けることは第2の喫煙**」とまで言われて、タバコと同じぐらいに害があるという認識が広まっています。座る時間が長いと、死亡リスクが上がるという研究もあります。20〜30分おきに立って伸びをしたり、ストレッチすることは大切です。

ダン・ビュイトナーは沖縄の長寿の方の家を訪れて、基本的に畳敷きの和室で暮らしているので、椅子がないことに気づきます。**90歳を超えたおじいやおばあも、畳に座って立ち上がる動作を毎日何十回も何百回も繰り返しています。**それだけで、足腰が鍛えられているのではないかと推測しています。

ほかに、イタリアのサルデーニャ島では、急斜面に家が建ち並んでいます。**そのため、必然的に100歳ぐらいの高齢者でも傾斜の激しい坂道を毎日登り降りしている**のです。私たちの祖先はすべてそうやって生きてきたので、**日常が運動そのもの**でした。そういう暮らしをできないのなら、やはり意識的に体を動かして座りっぱなしの生活を改善するしかありません。

ライフスタイル・ビジョンのワーク④「何に囲まれたいか」と「やらないこと」

ここでは、ライフスタイルをより快適なものするために自分にとって必要なことと、そうでないことを考えてみましょう。

1　何に囲まれたいか

私の場合はパワーカラーのオレンジ、成長できる仲間、そして保護犬です。

デスク周りには、自分を奮い立たせてくれる偉人たちの言葉、メンターの写真、そして愛し・愛されていることを感じられる家族との写真があります。

あなたも**ポジティブな影響をもたらす「プライミング効果」**を取り入れてみてください（プライミング効果：視覚などからの刺激が、無意識下で後の言動に影響を及ぼすもの）。

2　やらないこと

記入例

理想のライフスタイルをゼロから考える

何に囲まれたいか
■成長し合える仲間
■保護犬たち（とくに病傷の幸薄かった犬たち）
■大きな空と碧い海

やらないこと
■人混みに入らない
■マルチタスク・ながらXX
■連絡以外のSNS

ワーク

理想のライフスタイルをゼロから考える

何に囲まれたいか
■
■
■

やらないこと
■
■
■

故スティーブ・ジョブズは、「**何をしないのかを決めるのは、何をするのかを決めるのと同じくらい大事だ**」という言葉を残しています。

私たちの時間は限られているのに、**デジタル社会では大量の情報が容赦なく襲ってきます。**時には情報を遮断し「断る勇気」も必要です。時間泥棒になっている悪習慣も同様です。

ストレスは本当に「悪」なのか

スタンフォード大学で心理学を教えているケリー・マクゴニガルの著書『スタンフォードのストレスを力に変える教科書』（大和書房）で、1998年に、アメリカで3万人の成人に対して行ったストレス調査があります。

2つの質問が行われました。

「**この1年間でどのくらいのストレスを感じましたか？**」

「ストレスは健康に悪いと思いますか？」

その後の追跡調査で、強度のストレスがある場合は8年以内の死亡リスクが43％も高まっていたことがわかりました。

但し、それは強度のストレスを感じ、「ストレスは健康に悪い」と答えた人だけで、強度のストレスがあっても「ストレスは健康に悪い」と思っていなかった人々の死亡リスクは、ストレスがほとんどない人たちよりも低かったという驚くべき結果になったのです。

さらに他の研究者によると、ストレスは集中力にも貢献するそうです。

私もキャリアを上げていた頃、大手クライアントや社内の役員に対して、プレゼンテーションをするたびに、強いストレスやプレッシャーと闘ってきました。

外資系企業では高いプレゼンテーション能力は必須で、簡潔でインパクトのある内容が求められます。

寝不足でギリギリまで準備をして、高いストレス状態にあるとき、米国の同僚たちは私へこう言いました。

「**いい経験しているね！　本番は大いに楽しんだほうがいいよ**」

これを聞いたとき、最初は「楽しむ余裕なんてあるわけないじゃない……」と内心思っていました。

ところが、その後も何人もの同僚から同じような言葉をかけられるうちに、**欧米のビジネスパーソンの間では、ストレスは「自分を成長させるもの」「楽しむもの」ととらえられているの**だと気づきました。

日本では、プレッシャーやストレスは悪者のように思われていて、「緊張しないで話す方法」「仕事のストレスからの解放」を誰もが真剣に考えています。

「**ストレスは成長剤」とらえれば、幸福度もやや変わるのではないでしょうか。**

有名企業が瞑想を取り入れる理由

マインドフルネスとは、禅の考え方や瞑想をベースにした心の訓練法で、世界的なブームになっています。

私なりにマインドフルネスは、「未来を案ずることもなく、過去を思い煩うこともなく、今この瞬間に注意を向け、なんの評価をすることもなく、自分という存在を味わい尽くすこと」だと解釈しています。

具体的には、深い呼吸に集中しながら、頭に浮かぶことに対して評価をせずに、「この世に存在している自分」をとらえる方法です。

Googleが瞑想とマインドフルネスを教える社内研修を開いているのは有名な話です。アップル、ゴールドマン・サックス、ヤフーなどのほか、日本企業ではトヨタを筆頭に、すでに150社以上が取り入れていると言われています。

理由は脳科学をベースに生産性向上、創造性の拡大、リーダーシップ向上・感情コントロール効果などが証明されているからです。

マインドフルネスや瞑想に関しては、その効果を発見したジョン・カバットジン博士の著書類や、アンディ・プディコム氏の「必要なのは10分間の瞑想だけ」、川上隆史氏（春光院副住職）の「どのようにマインドフルネスが今を生きることの手助けになるか」というTEDがオススメです。

マインドフルネスを実践すると、自分らしさを取り戻せる効果もあります。

例えば、トラブルに巻き込まれてイライラしているとき。

瞑想しながら呼吸に集中し、「自分は今、イライラしてるな」「なんでイライラしてるんだろう？」「あの人にああいう言い方をされたからだ」「なんで、あの言い方に引っかかったんだろう？」と自問自答するうちに、気持ちが段々落ち着いてきます。

ついつい、人のせいにしてしまうことでも「自分はなぜ、イライラするのか」のように、**自分自身を外から観察すると、根本的なことを見つめ直すきっかけになります。**

それが自分らしさを掘り起こすことにも繋がると思います。

60歳まで「瞑想」を避けていた私が音楽瞑想にハマったワケ

実は私は60歳まで「マインドフルネス」や「瞑想」を知らない人間で、むしろ避けていた人間でした。そもそもこのふたつは同じ意味だと思っていました。

- マインドフルネスは「今、この瞬間の体験に意図的に意識を向け、評価をせずに、とらわれのない状態でただ観ること」と日本マインドフルネス学会で定義されています。
- 瞑想は「目を閉じて雑念を払い、静かに思いを巡らす」ことと明鏡国語辞典には書いてあります。

マルチ・タスク（同時に複数の仕事や作業をこなしていくこと）が得意と信じ込んで、どんどん仕事をおし込んできた私です。

じっと座禅のようなポーズをとって、自分の呼吸だけに集中して、脳を空っぽにすることなど、不可能だと信じ込んでいました。

ところが、ある日、**マインドフルネス瞑想のやり方は大きくふたつあって、カジュアルでも、フォーマルでも構わない**、というのを知りました。

カジュアルなものは毎日の活動（犬の散歩・ジョギング・お皿を洗う・床を磨くなど）でも可能だし、フォーマルなものも、さまざまなやり方があることを学びました。

その中で、私が「これならやれそう」と思ったのが**音楽瞑想**です。

やり方は簡単です。「お気に入りの曲」と「ヘッドフォンとパソコン（スマホ）」さえあれば、いつでもどこでも始められます。**楽な姿勢（疲れていたら横になっても構わない）でゆっくり呼吸をしながら目を閉じて、その1曲に集中し、徹底的に浸ります。**

私はクラシックが好きなのですが、3曲以上聞きたいときは、ポップスを交ぜたりします。ラフマニノフのピアノ曲や、ホイットニー・ヒューストンの歌唱力に浸ります。

ネガティブなことが押し寄せて心がザワつく日や、「今日は勝負！」の日には、心を落ち着かせてくれます。

あなたも騙されたと思って（笑）、お気に入りの曲を徹底的に味わってみてください。


さて、ここまでのワークをするうちに、自分が「こういう生活を送りたい」と思う理想のライフスタイルが見えてきたのではないでしょうか。

早速、巻頭のビジョン・ロードマップのライフスタイルのコーナーにワクワクするイラストを貼ってみてください。**イラストが主役、説明はひとことで！**

人事のプロフェッショナルとして
ライフスタイルも充実させた土田さんのケース

ここでひとつ、受講生の書いたビジョン・ロードマップの内容をご紹介します。

土田真吾さんは現在45歳、ふたりのお子さんのお父様、大手金融機関で人事部に在籍されています。

前職では、朝出るときには小さなお子さんたちは起きていない状態。戻る頃にはもう寝ている状態で、家族との時間は週末に限られていたそうです。

そんな中、ビジョン・ロードマップの研修を受けて、人事部のコーディネート役として参加していたのに、ご自身も発表され、すっかり気に入ってくださっていました。

土田さんは**人事のプロフェッショナルを目指す**べく、4つの資格を取るというビジョンを掲げるのと同時に、ライフスタイルは**子供たちの成長を見届けることを最優先**とし、夫婦や親との時間も大事にするビジョンを描いていらっしゃいました。

趣味の充実・マインドフルネス瞑想など、「心の健康」もケアしたビジョンになっています。

マップ完成後は自宅の部屋を模様替えし、壁一面にマップや受講時の応援メッセージを貼っているそうです。システム手帳のトップページもビジョン・ロードマップです。朝起きたときや通勤中、カフェにいるときもチェックを欠かすことはありません。

その後、大手金融機関から声をかけてもらって転職します。1週間の半分がリモートになり、子供たちとの時間も取れるようになり、奥様も気兼ねなく、仕事に出られるライフスタイルになりました。まさにビジョンを描いた通りです。

時には家事と育児を引き受ける微笑ましいパパの一方で、着実にどの企業でも通用する人事プロフェッショナルとしてのキャリアを実現しつつあるのです。

土田さんのビジョン・ロードマップも、ご本人の快諾を得て本書の最後に載せています。ご覧になってみてください。

ライフスタイル・ビジョンのワーク　まとめ

- 自身のライフスタイルの満足度は100点満点中、何点か
- 足りない部分は何かを考えてみる
- 「今まで住んできた場所と環境」「未来に住みたい場所」を考える
- 健康のためにしていることは？
- 何に囲まれたいのか、何をやらないのかを決める

第4章

幸せなキャリア形成は
モチベーション活動から

キャリアと自己開発・ビジョンのワーク①
現在の仕事の満足度は何点？

皆さんは、今の仕事に対する満足度は何点ぐらいでしょうか？

１００点満点で何点になるのか考えてみましょう。満点でない方は、何が理由なのかを考えてみてくださいね。

私の場合、90点以上ですが、１００点ではありません。グローバル企業での実績、現在の講師としての仕事は「まさに私のやりたいこと」で、とても有難いことです。

まだまだ研究時間の不足を感じていることがマイナス点になります。

実は、企業研修でも社会人の学び直しの講座でも、**キャリアの点数は低い傾向があり、50点以下の点数をつける方も大勢いらっしゃいます。**

どうすれば１００点に近づけるのか、ワークをしながらキャリアを見つめ直していきましょう。

マルチ・ステージ時代をしなやかに生きる

ロンドン・ビジネススクールのリンダ・グラットン教授の著書『ＬＩＦＥ ＳＨＩＦＴ １００年時代の人生戦略』（東洋経済新報社）は日本でもベストセラーになりました。グラットン教授は、今までの人生は３つのステージに分かれていたと言います。日本の実情に合わせ、年齢などを加えてみると

■０歳～20歳前後「教育」：学校に通う学生時代
■20歳前後～60歳前後「仕事」：会社で働く現役世代
■60歳～80歳「引退」：年金をもらいながら趣味やボランティア、孫の世話など

出典　ＫＯＫＵＹＯ「Withコロナ時代だから考えたい「ライフ・シフト」」〈後編〉大野誠一

人生１００年時代では、さすがに30年～40年も趣味やボランティアだけして暮らすの

は金銭面でも難しくなるでしょう。そこで彼女が提唱するのが、「**マルチ・ステージ**」**という生涯現役であり続けるモデルです。**20歳前から80歳ぐらいまで、会社勤めや起業やフリーランスなど、複数のキャリアを持ち、知識やスキルを身につけながら現役であり続けようと提唱しています。

この章では、生涯現役であり続けるためのキャリアについて考えていきましょう。

米国人上司が質問してくれた「私の成功の定義」

外資系企業に在籍していた間に、私はさまざまな国の上司のもとで働きました。成長し続けている企業では、より良い業績を求めて組織変更が頻繁に行われます。上司が変わるたびに、まず個室に一人ずつ呼ばれて短い面談が行われます。てっきり、これからの仕事の進め方について説明を受けるのかと思いきや、ある米国人の上司から「**あなたにとっての仕事における成功の定義は何ですか？**」といきなり聞かれて、私は意味が分からずにポカンとしてしまいました。

人によって何を成功と感じるのか、価値観は異なります。

例えば、ある社員にとっては給料が上がるのが成功であり、ある社員にとっては役職を上げていくのが何よりの関心事かもしれません。

また、ある社員にとっては定刻で帰宅して子供の成長を見届けることが、何よりの幸せである可能性もあります。

そのときはポカンとしてしまいましたが、後になって、**部下の価値観を確認してくれる質問は、とても有難い**と思いました。

その体験から、私も自分の部下に対し、同じ質問をしました。

「給料や役職を上げるのが成功だ」と答えた人には、ジョブ・グレード制度（職務の内容や難易度に応じて待遇を決める仕組み）をあらためて説明しました。

「定時で帰りたい」という社員には、「遅くまで残ってほしい日は事前に伝えるようにしますね。早朝に回して仕事するのも可能ですよ」のように伝えます。

これらは決して差別ではなく、人間としての配慮だったり、**チームの力を最大化するための技術**だと思っています。

とくにZ世代の若い社員と、中高年の社員とではかなり価値観が違う傾向にあります。管理職がそれを知らずに、自分の価値観を押し付けると簡単に離職されてしまうリスクもありますので、丁寧にヒアリングすることは人事管理上でも大切です。

さて私の成功の定義ですが、幅広い仕事体験・机上だけでなく現場を見届ける体験・チームメンバーの成長とプロジェクトの成功です。それが生涯の財産になりますから。

「仕事の幸福感」を感じていますか？

仕事の幸福感が高い人の共通点には、次のような点を挙げられます。

■お金を出してでもやりたいことをやっている
■自分の強みや楽しさが活かせるよう工夫している
■自ら挑戦や目標を組み入れ、成長を感じている
■仕事仲間に信頼できる人、尊敬する人を見つけている

これを読み、「自分は全く当てはまらない」と落胆された方は、心配しないでくださ い。この先のワークをしてキャリアのビジョンを描けば、皆さんの仕事の幸福感はきっと上がります。

アメリカの心理学者ターシャ・ユーリックは、「Increase your self-awareness with one simple fix」TEDで「**95%の人は、『自分は、自分のことをよく分かっている』と考えていますが、実は自己認識できている人は10〜15%です**」と語っています。

幸せなキャリアをつくっていくには、まず自分の才能や強みを知り、モチベーションが湧く活動を整理します。この作業を、私は「**自分の解像度を上げる**」と呼んでいます。

次のページから、自分の解像度を上げるためのワークをしていきます。

思いもよらない自分の才能を見つけられるかもしれません。

キャリアと自己開発・ビジョンのワーク②
自分の興味、才能を発揮できる分野を知る

自分がモチベーションを感じる活動は何なのか？　これは年齢を問わず、誰もが関心のあるところではないでしょうか。

それを知るためのツールが「才能分析シート」です。

1 たくさんの活動リストからあなたのモチベーション活動を選ぶ

才能分析シートに書いてある活動のうち、**「この活動が好きだ」「時間を忘れてできる」「とくに嫌いではなかった」**と感じる活動を**13個選んでチェックマーク**を入れてください。

好きな活動が無い場合は近いものにチェックマークを入れましょう。

「組織人才能」「価値創造才能」など6つのカテゴリーに分かれていますが、すべての

カテゴリーからまんべんなく選ぼうとする必要はありません。純粋に、自分が楽しんでできる活動を選びましょう。

2 合計点を計算する

次に、それぞれのカテゴリーごとに、チェックマークを付けた項目がいくつあるか、合計しましょう。

「組織人才能」3、「価値創造才能」1、「探求探索才能」5のように。

傾向としては、すべてのカテゴリーでまんべんなく項目を選ぶタイプと、2、3のカテゴリーに集中し、あるカテゴリーはゼロのタイプに大体分かれますが、どちらでも全く気にする必要はありません。

点数が多いカテゴリーが自分の才能分野の傾向値になります。

例えば、「愛情奉仕才能」と「価値創造才能」に点数が偏っている方は、ご自分で生み出した価値（商品やサービス）を提供して、相手を助け、相手の喜ぶ顔を見られることが一番、合っているということになります。

記入例

才能分析：モチベーション活動から考える

組織人才能		価値創造才能		研究探索才能		海外アウトドア才能		愛情奉仕才能		起業家才能	
組織の業績を一番に考える		新しいもの、新企画を練る	✓	ひとつのモノを深く追求する		オフィス外の仕事		人を助ける	✓	リーダーシップを発揮する	
見やすい書類作成	✓	美術館を巡る		分析を重ねて結果を導く		海外に出る		交流会参加		進行役を引受ける	
オフィス内で仕事をする		新しい料理をつくる		判らないことは残さない		ものごとを改善する		子供の世話		人を巻き込む	
時間管理		創作作品のプレゼン		古き良きものに触れる		車の運転		人と人を繋ぐ		案件をまとめる	
迅速・正確な作業		アイディアを競い合う		独りで仕事に集中する	✓	海外と繋がる		相談に応じる	✓	新しいビジネスモデル	
補佐として仕事を助ける		手造りで何かをつくる		リサーチ		外国語の勉強		話を聞いて共感する	✓	自分の意見を言う	
コンピュータで仕事をする		脚色・編集		研究室での仕事		作業の段取りを組む		高齢者の介護をする		相手を説得する	
仲間とのチームワーク		ファッションを考える		科学の文献を読む		組み立て作業		動物を助ける	✓	起業仲間と話す	
打合せに参加		芸術作品を観る		原因を突き止める		外で人に会う		人と SNS で繋がる		戦略的企画	✓
分かりやすく報告をする		音楽・美術の習い事		専門分野を教える	✓	現場課題の解決		サークルクラブ参加		プレゼンテーション	✓
明確に指示された仕事		写真・動画撮影		歴史を紐解く		花を育てる		次世代に教える	✓	経営数字の計算	
PC スキルを磨く		文章を書く	✓	専門分野の文章を書く		家庭菜園		寄付活動をする	✓	率先して物事にあたる	
	1		2		2		0		6		2

ワーク

才能分析：モチベーション活動から考える

組織人才能		価値創造才能		研究探索才能		海外アウトドア才能		愛情奉仕才能		起業家才能	
組織の業績を一番に考える		新しいもの、新企画を練る		ひとつのモノを深く追求する		オフィス外の仕事		人を助ける		リーダーシップを発揮する	
見やすい書類作成		美術館を巡る		分析を重ねて結果を導く		海外に出る		交流会参加		進行役を引受ける	
オフィス内で仕事をする		新しい料理をつくる		判らないことは残さない		ものごとを改善する		子供の世話		人を巻き込む	
時間管理		創作作品のプレゼン		古き良きものに触れる		車の運転		人と人を繋ぐ		案件をまとめる	
迅速・正確な作業		アイディアを競い合う		独りで仕事に集中する		海外と繋がる		相談に応じる		新しいビジネスモデル	
補佐として仕事を助ける		手造りで何かをつくる		リサーチ		外国語の勉強		話を聞いて共感する		自分の意見を言う	
コンピュータで仕事をする		脚色・編集		研究室での仕事		作業の段取りを組む		高齢者の介護をする		相手を説得する	
仲間とのチームワーク		ファッションを考える		科学の文献を読む		組み立て作業		動物を助ける		起業仲間と話す	
打合せに参加		芸術作品を観る		原因を突き止める		外で人に会う		人とSNSで繋がる		戦略的企画	
分かりやすく報告をする		音楽・美術の習い事		専門分野を教える		現場課題の解決		サークルクラブ参加		プレゼンテーション	
明確に指示された仕事		写真・動画撮影		歴史を紐解く		花を育てる		次世代に教える		経営数字の計算	
PCスキルを磨く		文章を書く		専門分野の文章を書く		家庭菜園		寄付活動をする		率先して物事にあたる	

あなたの才能はどこにある？
才能の傾向値を採点する

ここから先は、才能分析シートで点数を計算した後で読んでください。

愛情奉仕才能

人がキーワードです。人を助けたり、人を成長させたり、教育などの仕事が自分らしさを発揮できます。

人の喜ぶ顔を直接見たいので、バックオフィスで仕事しているよりも、**エンドユーザー（商品を実際に使う人やサービスを受ける人）の顔が見える仕事のほうが、モチベーションが上がります。**

研究探索才能

興味あるものに関して深く入り込んで探求するのが好きな傾向があります。研究に集中したいので、**煩雑な人間関係は「むしろ苦手」**です。

大学の教授職や企業での研究開発部門の方たちはやはり研究探索才能が強い方が多い傾向です。

価値創造才能

芸術的な音楽やアートを生み出す才能もありますし、今までにない企画を世の中に出すことに対して喜びも感じます。

例えば会社で新商品を考えたり、戦略企画をつくったりするのも当てはまります。

組織人才能

これは**組織の歯車になって貢献することに喜びを感じるタイプ**です。

ある程度、指示が明確なほうが安心でき、与えられた仕事を誰よりも速く、美しく、正確にこなすことで喜びを感じます。

反対にこの才能を持つ方は、「君に全部任せるよ」と言われると辛くなります。

起業家才能

人に影響を与えたい、**リーダーシップを発揮するのが好きなタイプ**です。細かく指示を出されるとモチベーションが下がるので、任されたほうがより能力を発揮できるタイプと言えます。

名前の通り、組織に在籍する期間は長くなく、**早期に起業される方が多い傾向があります。**

海外アウトドア才能

基本的に、ずっとオフィスにいるようなインドアの仕事は苦手です。海外でのビジネスや、**外を飛び回る営業、表に出て作業をするなど、身体能力を活かす仕事に喜びを感じます。**

これらはあくまでも傾向値です。組織人才能の点数が低いから会社勤めに向かないとか、起業家才能の点数が無いから自分でビジネスを始められないということではありません。

キャリアと自己開発・ビジョンのワーク③
あなたの強み「得意」と「情熱」

モチベーション活動に加えて、私たちは「**自分の強み**」を活かせる活動をすることが、幸福度や社会貢献にも繋がります。

それでは「**強み**」**とはいったい何なのでしょうか？**

前述の米国のタル博士によると、**強みはふたつの要素**から成り立っている。それは「得意なこと」と「情熱を持てること」と教えてくれました。

早速、日本での解釈を加え、ワークシートをつくりましたので、「得意」と「情熱」のそれぞれの枠に5つぐらい、得意なこと、情熱を注げることを書き込んでみましょう。

参考までに、私の得意なことと情熱を注げることは次のようになります。

■得意なこと
・商品が売れるための企画づくり
・流通別のマーケティング
・商談のための映像づくり
・全国のセールスパーソンのための教育（成長支援）
・企画やマニュアルづくり

■情熱を感じること
・ダンスで良い汗を流す
・殺処分対象の犬を助けて命を繋ぐ
・興味のある分野の読書や研究
・次世代の成長支援
・魅力的な企画づくり

得意と情熱が交差したところが、もっとも自分の能力を発揮できる領域になります。

私の場合、交差点には次世代の成長支援・魅力的な企画づくりがあります。

誰にでも「得意」なことはある

「自分に得意なことなんてない」と思う方も、人生を丁寧に振り返ってみると、なにかしら浮かんでくるものです。

- 人から褒められたり、評価されたりしたこと
- 長くやっていて上手くなったこと
- 自分でも得意と感じていること

「電話での受け答えが丁寧だと言われた」「メールのレスポンスが速いと褒められた」「お客様に薦めた商品で喜んでいただけた」のように、どんな小さなことでも構わないので、書き出してみましょう。

実はそれが、自分の「可能性の芽」かもしれません。

記入例

強み分析：得意と情熱が重なるところ

得意！	情熱！
1 経理・数字の仕事	1 家庭菜園
2 地元のまとめ役	2 コミュニティ貢献
3 野菜の創作料理	3 地元野菜の拡販
4 資格取得	4 幅広い学び
5 秘書的な補助役	5 子供たちの世話

- 人から褒められたり評価されたこと
- 長くやっていて上手くなったこと
- 自分でも得意と感じていること

- 時間を忘れてやっていること
- 趣味の延長で楽しくやっていること
- 社会的な意義や貢献を感じられること

ワーク

強み分析：得意と情熱が重なるところ

得意！

1 ……………………………………

2 ……………………………………

3 ……………………………………

4 ……………………………………

5 ……………………………………

- 人から褒められたり評価されたこと
- 長くやっていて上手くなったこと
- 自分でも得意と感じていること

情熱！

1 ……………………………………

2 ……………………………………

3 ……………………………………

4 ……………………………………

5 ……………………………………

- 時間を忘れてやっていること
- 趣味の延長で楽しくやっていること
- 社会的な意義や貢献を感じられること

私は、仕事から長く離れていた方には「お客様に会うのは好きでしたか?」「チームワークは楽しかった?」「Microsoft Officeで得意なのは何でしたか?」のように問いかけて、掘り下げていくようにしています。

「情熱」を注げることを挙げてみよう

情熱を注げることとは、時間を忘れて没頭できるようなことです。次の事柄について挙げてみましょう。

- 時間を忘れてやっていること
- どんどん次へ進みたくなること
- やっていて意義や貢献を感じること

「情熱」活動のほうは「得意」より出てきやすいかもしれません。

でも書いてみたら、遊びや趣味だけになってしまった！　ということはあります。

実は私も、小学生の頃からダンスが好きで「ダンスで良い汗を流す」とか、心無い飼い主に捨てられてしまった「殺処分対象の犬を助けて命を繋ぐ」などが出てきます。

これらは時間を忘れて没頭できますが、お金を稼げる活動ではありません。**このように遊びや趣味の活動が出てきても、全く問題ありません。**

「B級ならぬC級レストランの食べ歩き」「路線図を何千枚も集めている」「飛び地（別の行政の区画内に飛び離れて存在する地域）だけを好んで訪れているマニア」……。

このように、人から見たら「変わった趣味だな」と思われることでも、情熱を注いでいると、いつの間にか専門家になって、メディアに登場したりします。

できれば、アルバイトや仕事、家事の中からも、ひとつやふたつは思い出してみましょう。

- ■同僚から「相談にのってほしい」と言われるのは嬉しかった
- ■エクセルの表づくりにはこだわりがあって、ついつい時間をかけてしまう
- ■飲食店のアルバイトでは厨房（キッチン）の手伝いが一番面白かった
- ■子猫のミルク・ボランティアは自分から手を挙げて引き受けていた

そんな端切れのような断片から、あなたの情熱を探り出してみてください。「得意」と「情熱」の交差するところがない場合は、それぞれの項目の視点を拡げてみましょう。

キャリアと自己開発・ビジョンのワーク④
モチベーション活動＋「対象」から仕事を考えてみる

このワークは視点を変えて、キャリアを考えさせてくれます。**あなたは「誰のために」「何を」したいのでしょうか？　という視点です。**

ステップ1　好きな活動を書く

まず、皆さんが普段の活動の中で、比較的楽しくやっている活動（モチベーション活動）をひとつ、挙げてみてください。例えば「**相談に乗って、アドバイスをする**」など。

ステップ2　対象を選ぶ

次に、相談に乗る対象を誰にしたいのかを考えてみましょう。

例えば、「**子供**」「**大学生**」「**社会人**」など。子供が大好きだから子供が相手だとモチベーションが上がる方もいれば、大人の相談に乗りたい方もいらっしゃるでしょう。

専門のキャリアを積んできた方なら、「企業」や「行政」の相談もあり得ますね。そこから「コンサルタント」という仕事に結び付けられます。

ステップ3　何をするかを決める

対象が決まったら、その対象に「何」をするのかを決めます。

相談に乗るのが好きな方の場合は、「**何について相談に乗りたいか？**」を考えます。

キャリアアップ、子供の教育、家電の選び方、ファッション、上司とのコミュニケーシ

記入例

モチベーション活動から仕事の方向性を探る

子供のためのプログラミング教室講師になった例

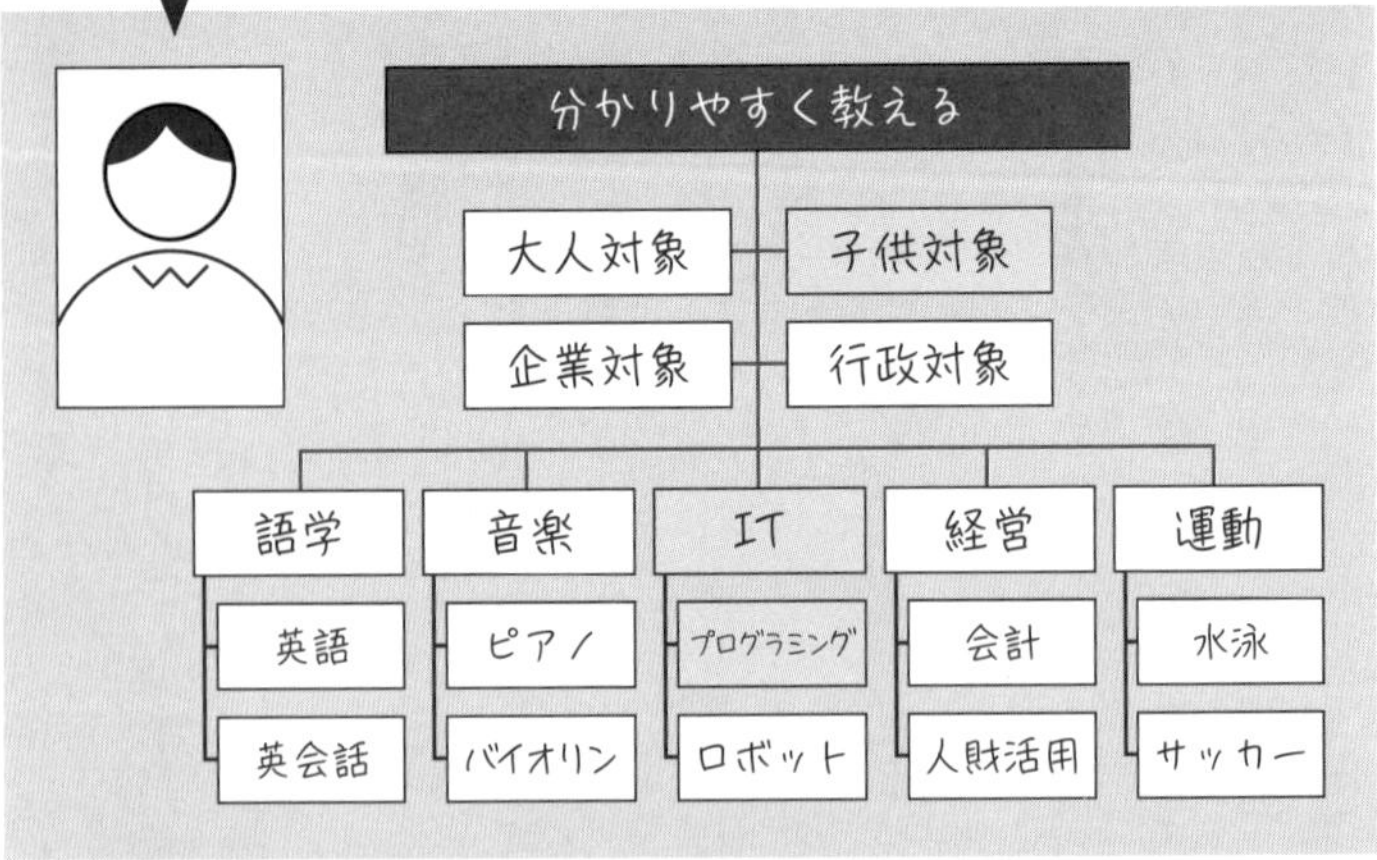

大人のお洒落カラーコーディネーターになった例

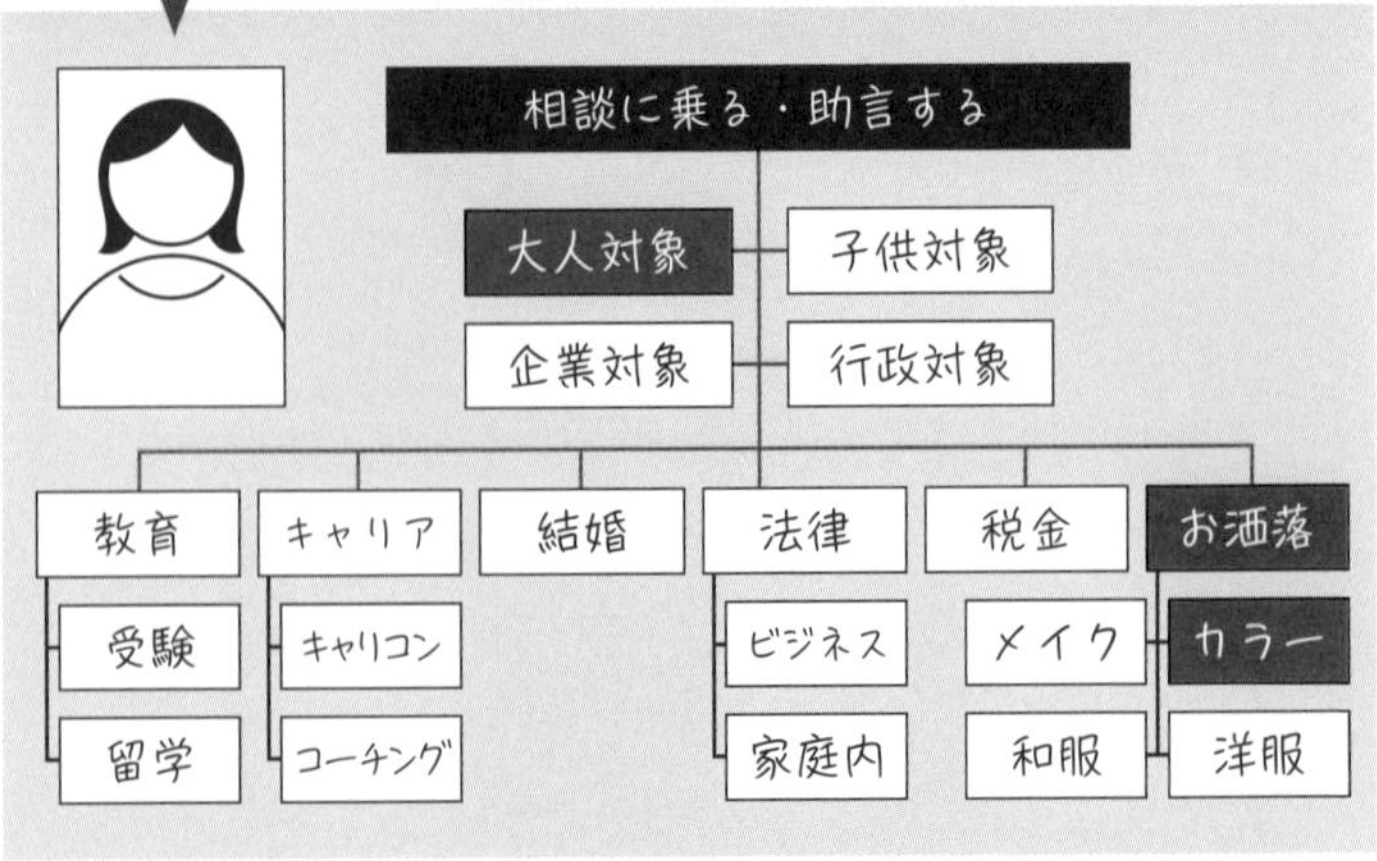

ワーク

モチベーション活動から仕事の方向性を探る

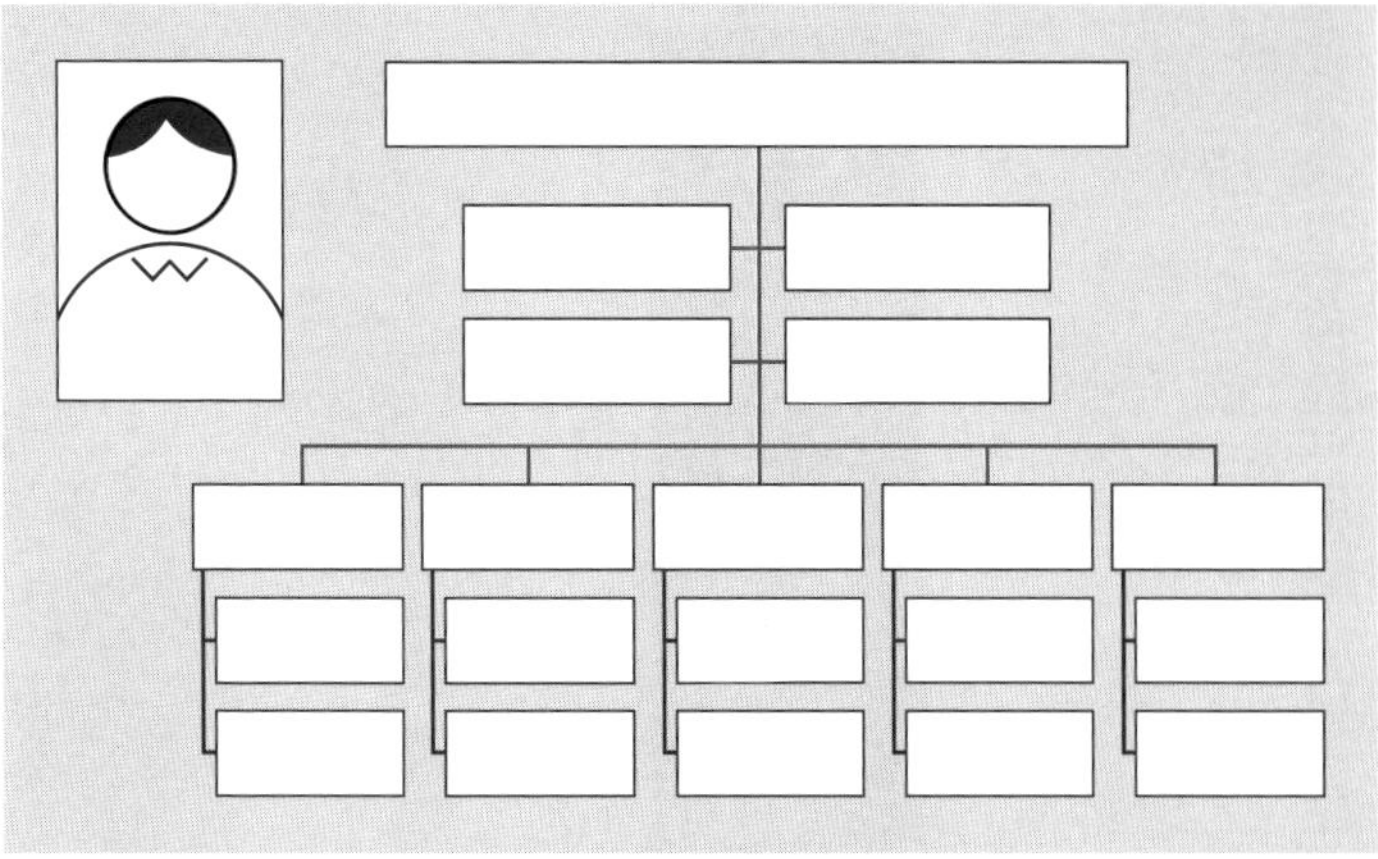

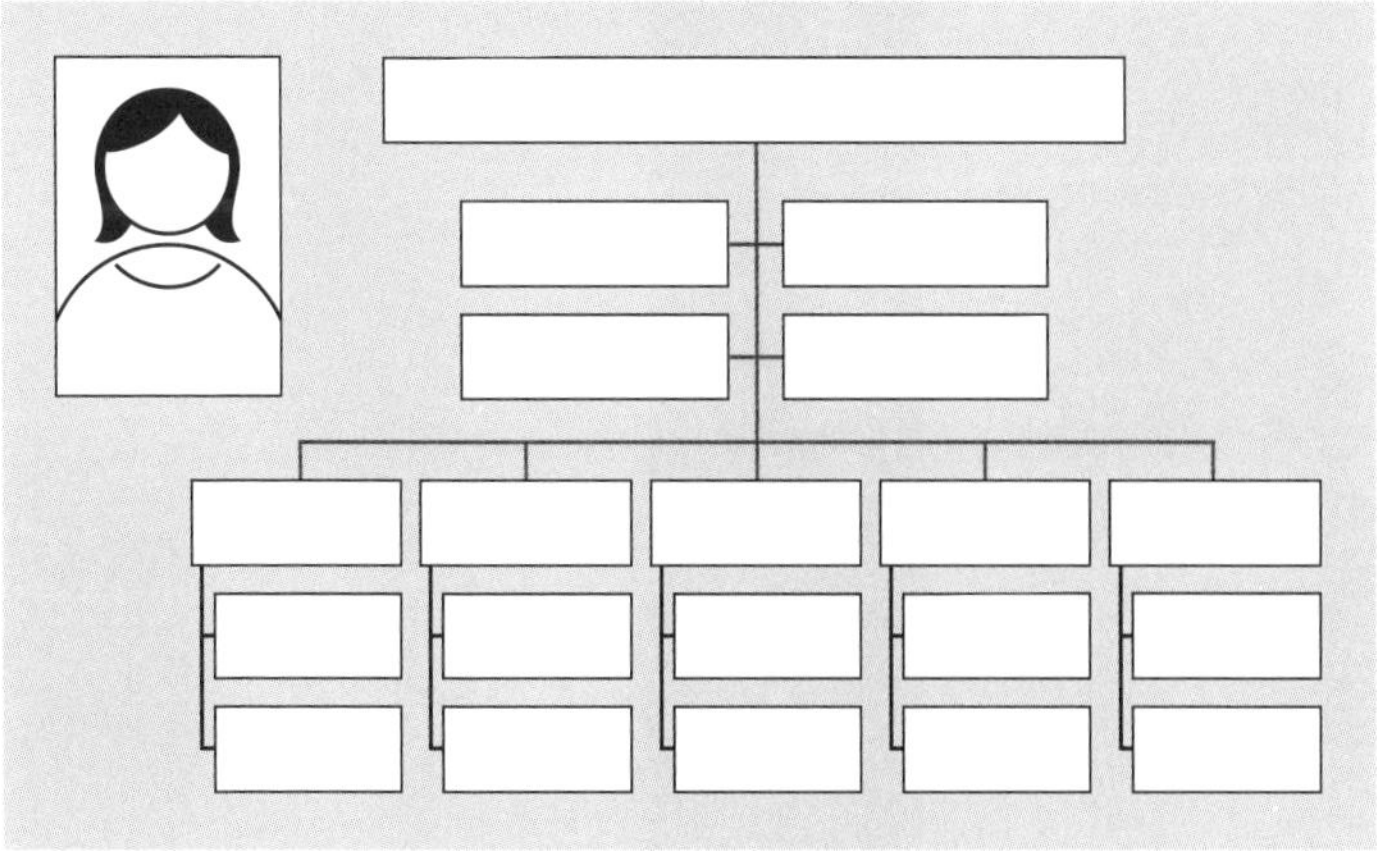

ヨンなど、たくさんあるはずです。自分が得意なこと、好きなことを活かしましょう。

関西にお住まいのリカレント講座の受講生のUさんは、専業主婦歴30年でした。日頃からたくさんの大人の方たちの相談ごとを引き受けてきました。

Uさんは「大人対象で、色に関するオシャレの相談に乗りたい」と考え、現在、カラーコンサルタントとして活躍されています。このように、「相談に乗るのが好き」という活動から、いくらでも仕事に結び付けられます。

職業イメージからではなく、モチベーション活動からキャリアを考える

私たちはキャリアを選ぶとき、職業やその名前のイメージから考えがちです。

- 世界中を飛び回るCAになりたい
- 定年後は大学の教授職も悪くない

■ＩＴ企業の経営者はお金持ちだ

私の学生時代の同期で国際線のＣＡになった方たちは多いです。それ自体は良いのですが、彼女たちの殆どが3年〜5年で辞めていました。

なぜなら、国際線ＣＡという華やかなイメージで職業を選んだものの、実際には機内サービスの仕事は必ずしも彼女たちのモチベーション活動ではなかったからです。

長く続けている方は、「ホスピタリティの提供」という機内の仕事を、モチベーション活動として心から楽しんでいるように感じます。

大学では私は「客員教授」か「非常勤講師」のままです。有難いオファーもあるのですが、この役職のままが一番幸せなのです。なぜなら、**残された自分の時間とエネルギーを、フルに講義とその準備に使い、受講生との交流に充てたいから**です。収入が低く不安定でも、モチベーション活動に集中できることが私の幸せなのです。

「専任講師」や「教授職」の方々は、頻繁に会議に出席したり、順番に回ってくる学内の役割を果たすために、かなりの時間とエネルギーを使って貢献されているのです。

キャリアの方向を決めるときは「職業」やその「イメージ」からでなく、仕事の実務が、果たして「モチベーション活動」なのかを把握することが、私たちの幸せに繋がります。

同じセースルパーソンでも「魅力的な企画」を武器にするのか、「データ分析」で勝負するのか、クライアントに喜んでもらうために「課題解決のお手伝い」をするのか、それぞれのモチベーション分野で勝負すれば良いのです。誰もが同じ武器で戦う必要は無いのです。

キャリアと自己開発・ビジョンのワーク⑤
3か月以内のアクションプランをつくる

自分が何をしたいのか、どんなキャリアを築きたいのかが見えてきたら、まだ迷いが残っていても、デッドラインを決めましょう。**頭の中だけで考え続けているよりも、行動に移したほうが見えてくるものが大きい**のです。

記入例

直近3か月間のアクション計画をつくる

目指すキャリア			
野菜ソムリエとしての学びを深め、資格取得。専門性を高め、地元コミュニティで貢献。地元直産野菜の拡販にも寄与する			
アクション内容			
野菜ソムリエ資格のパンフレットを取り寄せる	野菜ソムリエ資格の学校説明会に参加入校検討	実際に野菜ソムリエの方から話を聞く	地元貢献として喜ばれることをヒアリング
デッドライン			
3月末日まで	4月末日まで	5月末日まで	6月末日まで

ワーク

目指すキャリア			
アクション内容			
デッドライン			

欲張らずに、3か月に4つくらいの行動計画で充分です。

例えば、人を助けたり、アドバイスをしたりすることにモチベーションを感じる方の場合、キャリア・コンサルタントの資格取得のためのパンフレットを取り寄せ、説明会に参加するだけでも、立派な2つの行動計画です。さらにその仕事をしている方からお話を聞くのも良いし、コーチングと何が違うか調べるのも良いでしょう。

小さな行動で良いのです。但し、それぞれのアクションには「●年●月まで」と締め切りをつけることが重要です。「いつかやろう」と思っているだけでは、せっかく見えてきたものも、無駄に終わってしまいます。

動き出すと、とても晴れやかでワクワクした自分を感じることができます。

新ステージにこそ、やりたいことをやる

日本では定年退職をしてから起業する方は、挫折する場合が多いように感じています。

組織人として長く働いていると、自動的に仕事は降ってくるし、指示も与えられるので受け身になりがちです。むしろ「出る杭」にならないように努めたりもします。

しかし、ひとたび起業すれば、自分で決めてどんどん行動に移す力が求められます。商品やサービスをつくり、売り込んでいくのは、想像以上にハードルが高い行為です。それまでの社名の効果で、一度は仕事をもらえても、実力が伴わなかったら次はないのが起業の世界です。

そこで、**20～50代を組織での仕事時代（専業主婦の方で子供がいる人は子育てが完了する頃まで）、50～80代を新ステージ時代として、人生の中で「本当にやりたいこと」に向け、大いに舵取りをしていただきたい**と思っています。

65歳が定年だとしても、50歳くらいからはやりたいことについて探索を開始するということです。幸い、副業や兼業が多くの企業で許されつつあります。

まだ気力と体力が充分にある50代のうちに、受け身ではなく率先的に新たな仕事を見つけて育てていくことは、長寿時代を恩恵として楽しむことに繋がります。

ここまでワークをしてきて、自分の強みやモチベーションが上がる活動など、さまざまな材料がそろったと思います。行動を起こすためのアクションプランも決まったところで、**ビジョン・ロードマップのキャリアのコーナーにビジョンを書き込んでみてください。**

「2024年　司法書士補助者勤務」「2027年　司法書士試験合格」「2030年司法書士事務所開設」のように、目標とする期限も決めれば、よりビジョンが現実に近づいていきます。

キャリア開発と自己開発は一枚岩！　藤田さんのケース

ここで、受講生のキャリアと自己開発・ビジョンの実例をご紹介します。

藤田拓勧さんと出会ったのは10年前、彼がまだ大学生だった頃のことです。残りの学生生活を充実させる目的で、某海外研修でベトナムに飛んだ藤田さんと、たまたま現地で出会うことになったのです。

帰国から時間を空けず、彼は仲間を集めてビジョン・ロードマップを受講しました。もともと卓球の選手で礼儀正しく、好感度１００％の藤田さんは、12社から内定をもらう大快挙を果たしました。

最終的にそのうちの一社、大手ＩＴ企業に彼は入社しましたが、その時点でゆくゆくは「**大学生を支援する人財育成**」をしたいというビジョンを描いていました。

あくまでも仕事経験をしっかり積んだ中年以降のことと考えていたのですが、ある日、埼玉工業大学のもっとも尊敬する恩師から連絡が入り、「アシスタントとして働かないか」と誘いを受けることになったのです。**まさに描いたビジョンが引き寄せたお誘い**です。まだ年齢的に若く、早すぎるのでは……とためらう気持ちもありましたが、藤田さんは思い切って大学に転職します。

藤田さんの素晴らしいところは、**単に転職したのではなく、自分の足りない部分をしっかり学位で補おうと考えたこと**です。

貯金をはたいて**法政大学キャリアデザイン学研究科（修士）**を受験し、彼は大学で仕事をする傍ら、大学院に通います。修士論文を書き上げるのは、さすがに時間との闘いでしたが、彼は見事に書き上げ、修士号を手にします。

単に学位を取得しただけでなく、その知識は大学の講師としての仕事の中でとても役立っていると、彼は語ってくれました。上司も藤田さんが修士にチャレンジしたことを高く評価し、昇格が早まるのではと言ってくれたそうです。

キャリアと自己開発・ビジョンのワーク　まとめ

- 現在の仕事の満足度は100点満点中、何点か
- 足りない部分の理由を考える
- 「才能分析シート」で自分の興味、才能を発揮できる分野を探る
- あなたの得意なこと、情熱を注げることは何か
- モチベーションが上がることは何か
- 3か月以内のアクションプランをつくる

第5章

振り回される「人間関係」にサヨウナラ

内省と人間関係ビジョンのワーク①
人間関係の幸福度は何点？

皆さんは、今現在の人間関係にどれぐらい満足しているのか、100点満点中、何点かスコアをつけてみてください。ポイントは、**友人の数ではなく、信頼関係の深さ**です。

自分の目標達成を応援してくれたり、ありのままの自分を受け入れてくれたりする人が傍にいることが、幸せのためには大事な要素なのです。

独り暮らしや孤独は寂しいとは限らない

あなたは孤独を楽しめるタイプですか？
孤独というと「独り暮らし」「寂しくて辛いもの」というイメージがありますが、家族や夫婦と暮らしていても孤独を感じている人たちは多くいますし、孤独を積極的に楽しんでいる方もいらっしゃいます。

孤独は英語で「Loneliness」と「Solitude」がありますが、Lonelinessは消極的な孤独、Solitudeは積極的な孤独を意味します。

自分から独りになる時間をつくったり、自分から望んで独り暮らしをする場合はSolitude。話したくても誰とも話せない、誰にも頼れない状況がLonelinessです。

私たちとしてはSolitudeを大いに楽しみ、Lonelinessに陥らないことが大切です。

しかしながら2021年、**日本ではイギリスに次いで世界で2番目となる「孤独・孤立対策担当大臣」が誕生しました。**

「おおげさだな」と思われるかもしれませんが、内閣府が令和4年に行った「孤独・孤立の実態把握に関する全国調査」によると、**孤独感が「常にある」「時々ある」人の割合は、50%近くにもなりました。**

高齢者ではなく若い世代に孤独を感じる割合が多く、その理由には職場の人間関係なども含まれます。若者の自殺・孤独死に発展してしまうケースも少なくありません。

日本は孤独大国なのです。

このビジョン・ロードマップの「内省と人間関係」のワークは、そんな日本のネガティブな実情にもお役に立つように設計してきました。

私自身も、パートナーは海外での仕事が多いこともあり独り暮らしですが、自分にはそのライフスタイルが合っていると思うし、24時間、自分のために時間が使えることにとても感謝をしています。

独りの時間を堪能しているからこそ、人との繋がりの時間も大切にできます。

この章では、まず自分自身について見つめ直していきましょう。人間関係は他人との関係を重視しがちですが、その前に自分のことを深く理解すると人との関わり方も変わっていきます。

内省と人間関係ビジョンのワーク②
自分の好きなところを挙げる

自分の好きなところを思いつくだけ箇条書きで書き出してみてください。容姿でも、性格でも、強みでもなんでも歓迎です。

体が柔らかいとか、足が速いとか、人に親切とか、字がキレイとか、ファッションセンスや爪の形でも何でも構いません。

5つくらいなら、すぐに思い当たると思います。

私の場合

- 行動力がある
- 「あたりまえ」を奇跡と感じ、感謝できる
- 生き物に優しい（もちろん人間を含めて笑）
- ド近眼だけど目が好き

記入例

自分の好きなところ

■行動力がある

■あたりまえに感謝できる

■生き物に優しい（もちろん人間も(笑)）

■ド近眼だけど目が好き

■チビで顔もコンパクトサイズ

■人によって態度を変えない

■コツコツ努力できる

■独りの時間を楽しめる

■「持たない生活」が楽しい

ワーク

自分の好きなところ

■

■

■

■

■

■

■

■

■

・チビで顔もコンパクト・サイズ
・人によって態度を変えない
・コツコツ努力できる
・独りの時間を楽しめる
・「持たない生活」で大満足

人との関係の前に「自分との関係」は良好ですか？

このように**自分の好きなところを挙げていると、次第に自己肯定感（ありのままの自分を肯定する、自分の価値観を認められる）が上がっていきます。**

他の国に比べ、日本人の自己肯定感が低いことは、さまざまな調査結果で証明されています。

教育・文化の違いは否めないとしても、**自己肯定感が低いままでいることは自分の幸**

せに繋がりません。

私たちは、私たちの努力で自分を認め、自分を愛していくことが大切なのです。

人間関係と聞くと、私たちは「**他の人との関係**」**に限定しがち**です。

実は「**自分との関係**」**こそ、**「**すべての人間関係の土台**」になっていることを、知っていただきたいです。

例えば、自分がイライラしているとき、モヤモヤと深刻な悩みを抱えているとき、大切な家族に重大な健康問題が持ちあがったときなど、他の人たちとポジティブで明るい人間関係を築くのは難しいですね。

周りの人と良好な関係をつくりたいと願うなら、まず自分を愛し、自分との関係を良好に保つことが大切だと私は思います。

さらに自分への自信を高めるためにも、次のワークに進んでいきましょう。

内省と人間関係ビジョンのワーク③
「あの時は頑張った」を想い出す

20代の若い方でも、すでに退職された方でも、そして専業主婦歴が長い方でも、人生を振り返ったら、何かしら頑張ったことはあるはずです。

小さなことでも良いのです。

数学だけはAだった、サッカーの試合でチームを勝利に導いた、日記は欠かさなかった、3人の子供を立派に育てあげた、企画書が通るまで頑張った、第一希望には入社できなかったけど3つの企業から内定をもらった、などなど。

結果はともあれ、ちょっと**自分で自分を褒めてやりたい**ようなことです。

■私の場合

・腎臓疾患を乗り越えたこと
・海外での仕事に挑戦したこと

・仕事が無かったときも、落ち込まずに前に進んだこと
・辛い仕事が重なったときも、笑顔を忘れなかったこと
・定期的に運動をし続けていること
・余命僅かな保護犬たちを、最期まで抱っこして看取ったこと
・職場での前例を超えてきた
・計画通り、沖縄に移住したこと

知らず知らずにクチをつく自分を「傷つける」言葉

こうやって挙げていくと、自分に対してこのようなことが見えてきませんか。

・ダメな人間だと感じることもあるが、それなりに頑張れる人間なんだ
・最近はマンネリ化してしまったけれど、もともとは挑戦することが好きだった

記入例

「頑張った！」と思えるところ

■腎臓疾患を乗り越えた
■海外での仕事に挑戦した
■仕事が無かったときも、落ち込まずに前に進んだ
■ネガティブが重なっても、笑顔を忘れなかった
■定期的に運動をし続けている
■余命僅かな保護犬たちを、最期まで抱っこして看取った
■職場での前例を超えてきた
■計画通り、沖縄に移住した

ワーク

「頑張った！」と思えるところ

■
■
■
■
■
■
■
■

・自分のためではなく、家族のために頑張ってきたんだ

「頑張ったリスト」をつくっていると、それなりに挑戦したり、前進したことを、思い起こさせてくれると思います。

内閣府の調査によると、日本で「自分自身に満足している」と答えた人は45・1％。70％を超える他の国よりも圧倒的に低い数値です。

また、「自分には長所がある」と考えている人は62・2％。この数値は高いように感じますが、欧米は90％前後なので、やはり低めです（2018年度「我が国と諸外国の若者の意識に関する調査」）。

「学び直し」の講座のなかでも「次のお仕事に応募したとき、どのように面接官の方に、ご自分のことを語りたいですか」と尋ねると、受講生の多くは答えをためらいます。

「私は事務職しか経験ないから、履歴書に書けるような実績がないんです」

「専業主婦歴が長いだけで職業人として経験が乏しく自信がないです」

「これというスキルも専門性も育ててきませんでした」

「やっぱり年には勝てないと思います」

　このように、次から次へとネガティブな言葉が出てきます。


　日本人で自分のことを控えめに言ったり、謙遜が美徳などとも言われますが、**ネガティブな表現を繰り返すのは、自分をおとしめたり、傷つけるようなものです。**

　ポジティブな表現に変換してみてください。


「事務職として勤めているとき、20％の効率化を実現させました」

「出産と育児は、私にとってかけがえのない体験でした」

「これから自分の才能を見つけたり、専門性を育てていくのが楽しみです」

「年を重ねてきたので、お客様に対する気遣いやマナー、コミュニケーションは問題なくできます」

このように、**自分を肯定的にとらえられるようになると、自分の内側から少しずつ自信が芽生えてくるのが感じられます。**

内省と人間関係ビジョンのワーク④
自分と向き合う時間を持とう

皆さんは、時間ができたら何をしていますか？

スマホを取り出してＬＩＮＥをしたり、ゲームをしていたら、自分を見つめ直す時間はなかなか持てません。

一日の中で、５分でも10分でもいいので、自分を見つめ直す（内省）時間をつくりましょう。ここでは、紙に書くワークではなく、ペンを置いて、次の２つの内省をしてみてください。

1 自分の状態を俯瞰する

2 ビジョン達成のためのアクション計画の進捗を確認する

とくに①「自分の状態を俯瞰する」は大事です。何かに傷ついていたり、何かに怒っているときも、そのような状況にいる自分を客観的に「今、私は怒っている」ととらえるのが大事です。

あらためて、内省とは何でしょうか？　反省と比べてみます。

内省　みずから気付きを得ることが目的

客観的な視点から自分のこれまでの言動を振り返り、未来に役立てること。これはポジティブな面にも目を向けることを意味します。

反省　良くなかったことを改める目的

自分の言動の良くなかったことを振り返り、何らかの評価を下すこと。但し、自分の弱いところばかりを見つめていると、どうしてもネガティブ思考になってしまいます。

「マズローの欲求5段階仮説」で有名な心理学者のアブラハム・マズローは、**「内なる声に勇敢に耳を傾けない限り、人生の賢い選択は行えない」と言っています。**

確かにいつも誰かと群れていたり、隙間時間もスマホの画面に囚われていては、内なる声は聞こえてきませんね。

内省の仕方① 非日常に身を置いてみる

管理職として働いていた頃、私自身も仕事でさまざまな辛いことが重なり、パンク寸前になってしまうことがありました。**内省時間の欠乏状態**です。

発作的に、ビジョン・ロードマップ（パソコン内にある）と読みたい本だけを持って、金曜日夜の最終便で、私は羽田から小松空港へ飛びました。

空港からタクシーに乗り換えて30分ほどで着いたのは、北陸の鄙びた温泉宿です。朝晩のお食事が付いていても、宿泊代はおどろくほどお手頃でした。

泊り客もまばらで、雪が降る音しか聞こえないぐらい、静かな環境です。女将さんは何かを察したのか、一番奥の離れた部屋に案内してくれ、食事の時間も他の方とぶつからないように調整してくれました。

こういう心遣いこそ本当のおもてなし、日本の良いところですね。

完全に日常から切り離された空間で、次の要素を自分自身に問いかけます。

- ミッションを振り返り、僅かでもその社会貢献ができているか
- ビジョン・ロードマップ（人生の目的地）に変更すべきところは？
- アクション計画は順調に進んでいるか
- 振り回されているところがあるとすれば、何が原因でどう解決すべきか
- より良い未来に向かって何ができるのか
- 完璧主義になって自分を責めていないか

大自然の中で、自分を見つめ直すうちに肩にのしかかった重みも軽くなっていました。

僅か2泊3日の独り旅で、**自身を俯瞰できた爽やかさ**を感じたのです。

その宿には年に3回、15年近く通い続け（コロナ禍のため、閉館してしまったのが、なんとも残念です）自身をリセットする時間を持ちました。今は離島で内省しています。

内省の仕方②　朝15分だけの内省方法

ほんの一例ですが、私は無理の無いやりかたで毎朝の内省をしています。参考にしていただければ嬉しいです。

1 感謝日記をつける

朝起きたらパソコンを開いて、昨日の感謝日記をつけるところから、私の一日は始まります。日記といっても「1行日記」です。エクセルのフォーマットに打ち込むだけですが、**一日の始まりを感謝からスタートできると、グンと気持ちが上がります。**

- 96歳の母が今日も元気にいてくれることに感謝！
- 昨日の辛い出来事は、よくよく考えてみれば私の成長剤。XXさんに感謝！

2 ビジョン・ロードマップの進捗を確認する

自分が描いたビジョンに対して、今どんな進捗状況なのか、アクション計画がどれぐらい進んだのかを確認します。**月別のアクション計画をエクセルの表にしておきます。**その項目を、終わったものから塗りつぶすだけなので、とても簡単です。

塗りつぶす色を自分の好きな色にしておけば、行動を起こすたびに、その分の面積が増え、楽しみになります。

3 1曲の音楽瞑想をする

第3章でご紹介した音楽瞑想をします。たった1曲分の音楽瞑想でも、**かけがえのない一日に向かって、心を整えることができます。**

ここまでで15分間です。これは私なりのパターンですので、皆さんなりの内省の仕方を見つけてみてはいかがでしょうか。一日の最後に内省の時間をつくってもいいと思います。さてここまでは「自分との関係」。次は「人との関係」に進みましょう。

内省と人間関係ビジョンのワーク⑤
人間関係の棚卸しをしてみよう

私たちは知らず知らずのうちに、**一人にすべてを求めず、自分の関心事やその人の強みによって、人間関係を使い分けています。**

あなたはどのような人間関係を築いているのか、棚卸しをしてみましょう。

それぞれの項目にお名前と、その方に対しての貢献を考えてみてください。

■ メンター

北極星のような存在、正しい方向を示して奮い立たせてくれる人

■ 共に成長

互いに切磋琢磨できる仲間

■家族
何よりも大切にすべき人間関係

■緊急時対応
夜中に激痛が走ったとき、自然災害時にも頼りになる人

■あなたが決めるカテゴリー①　例：健康や運動

■あなたが決めるカテゴリー②　例：英語や音楽

これで、今、あなたはどのような人たちに囲まれているのかが分かります。自分のビジョンを達成するために必要な人たちと出会えているのかどうかも分かるでしょう。

「メンター」と「共に成長」、そして「緊急時対応」の方たちは思い浮かびますか？
もし、思い浮かばないなら、この表に書き込めるおつきあいを増やしていきましょう。

記入例

人間関係の棚卸し

名前	カテゴリー	相手への貢献
タル教授、RBG、母	**メンター**	生き方を繰り返し学び、感謝を表す
ビジョナリー、仕事仲間	**共に成長**	敬意と尊重、定期的なビジョン進捗会で切磋琢磨
母と姉	**家族**	年5回は名古屋の実家へ行く、最低1週間2回のTel
山内さんご夫妻	**緊急時対応**	相手からの相談ごとは、24時間いつでも受ける
税理士、弁護士、ITプロの内間先生	専門家たち	高い専門性に対し、感謝を込めてお支払いする
高岩さん、広瀬さん	保護犬ケア	謝礼はすべて前払い。感謝の食事会や言葉を忘れない

↓

「人間関係の環境整備」は
ビジョン達成と幸せへの最重要項目

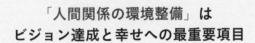

ワーク

人間関係の棚卸し

名前	カテゴリー	相手への貢献
	メンター	
	共に成長	
	家族	
	緊急時対応	

↓

「人間関係の環境整備」は
ビジョン達成と幸せへの最重要項目

人間関係の幸福度の高い人には、次のような共通点があります。

- 成長し合える仲間が身近にいたり、メンター（目標）となる人がいる
- より良い人間関係を築くために、惜しむことなく努力している
- 年齢や役職など関係なく、お互いを尊重し敬意を払っている
- 幸せに満ちている友人に囲まれ、その良い影響を受けている

いかがでしょうか？　大学の授業の中で、私は学生たちに「人脈って何だと思う？」と聞くことがあります。すかさず、「困ったときに助けてくれる人！」と直球で答える学生がいます。

確かにお互いに助け合うこともあります。**が、学生たちに覚えてもらいたい人脈の定義は、「成長し合える仲間」です。**

第4章でご紹介したリンダ・グラットンも『ワーク・シフト』（プレジデント社）で、未来に向かってどんどん孤独になっていく私たちは、3種類の人間関係を持つべきと書いていますが、その中でもとくに「ポッセ」の重要性について幾度か触れています。

ポッセ（POSSE）
同じ志をもつ仲間で、比較的少人数の信頼できるメンバーで構成されるそうです。
皆さんには何名の成長し合える仲間がいるか、この機会に数えてみてください。

「職場の人間関係」に振り回されないコツ

組織に勤めている方たちの離職の原因はなんでしょうか？

職場の人間関係がひとつの大きな原因になっているのは、全世界共通のようです。

実は私も32年間の勤務の中で、「辞めたい！」と思ったことが何度かありました。

いろいろな国の上司のもとで仕事をさせてもらったことは得難い経験にもなりましたが、簡単に振り回されてしまう「自分軸の無さ」も痛感してきました。

褒めてもらったときはもちろん、その喜びが倍増しますが、厳しいひとことが頭から離れないままの24時間もありました。

振り回されている自分がとても情けなく、その原因を考えてみたのです。

そして「**人間関係に振り回されるのは自分軸やビジョンを持たないから**」という結論に落ち着いたのです。

自分のビジョンを持って、**未来の自分にとって一番誠実で納得のいく仕事のやり方**をすればいいんだ、と思い至ったら不思議なぐらいに気持ちが落ち着きました。

ビジョンのような中長期プランを持っていると、上司部下の関係は一生私に付きまとうわけではなく、数年後には異動で変化していく関係だと思えるようになります。

そうすると、「ソリの合わない上司もしょせん、私の人生にとっては通行人のようなものだ。むしろ成長剤かもしれない」と感じられるようになり、ストレスが緩和されました。

親密な関係にもフィットネスは必要

パートナーとの関係は、人間関係の中で一番難しいと言われています。日本も離婚率が上がってきていますが、これは世界共通でしょう。

日本ではどちらかというと、男女の出会いをコーディネートして結婚にゴールインさせようというビジネスが伝統的に数多いのですが、欧米のように冷え切った夫婦関係を修復する専門家は、まだまだ育っていません。

米国のマリッジ&ファミリーライフのコンサルタントのゲイリー・チャップマンさんはご自身の『The Five Love Languages』という書籍の中で、興味深い彼の研究結果、**「愛を伝える5つの方法」**を紹介しています。

どんな愛情表現が一番嬉しいのか、相手の愛を感じるのか、「あなたとパートナーとの違いを知っておきましょう」というものです。

①「肯定的な言葉」が嬉しい
②「一緒にいる時間」が嬉しい
③「忘れず贈り物」が嬉しい
④「手助けしてくれる」のが嬉しい
⑤「身体の触れ合い」が嬉しい

例えば、私のパートナーは「肯定的な言葉」が嬉しいタイプ、私は「手助けしてくれる」と嬉しいタイプ（ゴミの日に生ごみを出してくれるような笑）です。

人によって価値観が違うように、カップルの中でも違うのです。**すれ違いを防ぐには、お互いに何が嬉しい行為なのかを再確認してみてはいかがでしょうか？**

ハーバード成人発達研究所の責任者であるロバート・ウォールディンガー氏とマーク・シュルツ氏は、『THE GOOD LIFE』（辰巳出版）の中でこう述べています。

「健康と体力を維持したいなら、意識して身体を動かす必要がある。（中略）

同じことが、**ソーシャル・フィットネス**（人間関係の健全度）にも当てはまる。現代では、人間関係を維持するのは簡単ではない。だが、友情や親密な関係を築いてしまった後は何もしなくても大丈夫だ、と私たちは考えがちだ。

しかし、**筋肉と同じで、何もしなければ人間関係も衰えていく。人間関係は生き物だ。だから、エクササイズが必要だ**」

夫婦のように親密な関係であっても、相手の喜ぶことをあらためてチェックしたり、人間関係全体の棚卸しをして、足りないところを補うのはフィットネスです。

彼の説明は、健全な人間関係は肉体と同じように、毎日のフィットネスを必要とすることを思い起こさせてくれます。

内省と人間関係ビジョンのワークについて、最後にビジョンを描くときにこのことだけは頭の隅に置いておいてほしいのです。

あなたの死ぬときの後悔は、人に対する愛情実績で決まります。

終末期医療の専門家たちが書く「死ぬときに後悔すること」のリストを眺めると、どのリストにも上位にランキングされるのが、「もっと挑戦すれば良かった」「自分らしく生きれば良かった」です。

さて、次に頻繁に出てくる後悔は何でしょうか？

残してきたお金のことでしょうか。

役員になれなかったことでしょうか。

実はお金でも名誉でもなく、愛情に関する後悔です。

■愛する人にありがとうや、ごめんなさいを伝えなかったこと

■人に優しくしなかったこと

■会いたい人に会っておかなかったこと

■相手を許してあげなかったこと

■繋がり続けなかったこと

このように「人に対する愛情とその行為」についての後悔が多いのです。人間関係の幸福は、**「あなたが人に対してどれほど愛情を注げたか」**という積み重ね、つまり**愛情実績**で決まるのです。

人生は、いつ何が起きるか分かりません。相手の訃報が届いてからでは遅いのです。万が一のときにも**後悔のない絆づくり**をしておきたいものです。

どのような内省方法や人間関係を築いていきたいのかが見えてきたら、マップにビジョンを書き込みましょう。

デジタルの力で零細農家を繋ぎ、幸せを広げる沖縄の若者、漢那宗貴さんのケース

ここで、人間関係のビジョンを描くことで人生が好転した例をご紹介します。

太陽のように明るいマンゴー農家の漢《かん》那《な》宗貴《むねたか》さんは、人間関係のビジョンでも「関わる人すべてに幸福を伝染させる太陽に」と描いています。

大学を卒業し、公務員として働き出した漢那さんは、これで周りの期待に応える社会人として、仕事ができることを嬉しく思っていました。

ところが働き始めてまもなく身体中に湿疹が出たり、体調不良が続いたりで、その異変に苦しみます。

職場の体質が彼には合わなかったのです。

やむなく退職した漢那さんは、父親のマンゴー農家を手伝い始めました。幸い体調はすぐに戻り、品質の高いマンゴーを提供することもできたのですが、収入は激減、不安定な状態です。

妻の初美さんが高校の教員だったので、お互いに補いながら暮らしていましたが、彼は一家の長としては少し不甲斐なさを感じていたように思います。

当初はマンゴーに加え、アテモヤを沖縄県代表のフルーツに育てようとビジョンを描いていましたが違和感が残り、彼と私は才能分析をやり直してみました。

分析結果の「**デジタルを使う能力と、人を繋げる能力が強い**」ことを伝えたら、瞬時に彼の頭に「零細農家をＩＴの力で繋げて、農家も自分も豊かになる」ビジョンが生まれました。

彼は早速ＥＣサイトを使って、農家の売り上げを向上させる活動を始めます。**その結果、周辺農家が豊かになっただけでなく、彼自身もマンゴー農家だけをやっていた時代に比べて収入は8～10倍となりました。**

２０２３年には「デジタルはるさー協同組合」を設立。自分たちの力でシステムを構築し、沖縄の農家の格上げ、農産物の無駄排除に乗り出しています。

３年後の自分は**「僕自身が皆のパワースポット（環境）だ！」と書いていますが、すでに彼はみんなのパワースポットになって、幸せの種を振りまいている**と、会うたびに感じています。

漢那さんのビジョン・ロードマップも巻末にありますので、是非見てくださいね。

内省と人間関係ビジョンのワーク　まとめ

- 今現在の人間関係の満足度は100点満点中、何点か
- 足りない部分は何かを考える
- 自分を愛する①自分の好きなところを挙げる
- 自分を愛する②「あのときは頑張った」エピソードを思い出す
- 自分と向き合う「内省」の時間を持つ
- 人間関係の棚卸し（その人への貢献度）を考えてみる

第6章

不安がなくなる「お金」の使い方・考え方

お金のビジョンのワーク①
お金の満足度は何点？

あなたのお金に関する現在の幸福度は何点ですか？

お金から得られる幸福感は、持っているお金の多寡ではなく、「**賢いお金の使い方**」**や**「**上手な管理**」ができているかどうかに左右されるようです。


世界には飢餓や貧困に苦しんでいる国と地域があります。このような生命の危機があるところでは当然、相応のお金の額が必要でしょう。

幸い、私たち日本人の場合はそれほど貧困状態ではないので「納得のいく使い方」や「上手な管理をしている」という観点で**皆さんのお金の満足度は何点ですか？**

満足していないのなら、その理由も考えてみましょう。

お金と幸せについての大事な質問

皆さんは、**お金が無くても幸せな人になりたいですか？**　それとも、**お金があれば幸せな人になりたいですか？**

あなたはどちらでしょうか？　現役の大学生たちも、学び直し講座の社会人たちも、「お金が無くても幸せを感じられる人間になりたいです」と迷わず答えます。「でも現実的には……」という表情も見せながら。

お金の話となると、どのように稼ぐか、増やすか、貯めるか、そのノウハウの話になりがちですが、ビジョン・ロードマップでは、この本質的な質問から始めています。

各国の億万長者とも仕事をしてきたリン・トゥイストさんという世界的なファンドレイザーの講演で、私は新たな学びを得ました。

ファンドレイザーとは、非営利団体の資金調達を行う専門家のことです。

彼女の講演でも著書『人類最大の秘密の扉を開く ソウル・オブ・マネー』（ヒカルランド）でも、**貨幣を持たず幸せに暮らしている部族**の話が出てきます。

エクアドルの熱帯雨林の奥深くに住む、アチュア族という部族です。彼らは現在もお金を持たず、物々交換だけで幸せに暮らしています。

アチュア族にリンさんがお金の概念を教えると、「それは食べられないし、狩りもできないのに、なぜそんなに欲しがるのか」と、彼らは戸惑っていたそうです。

つまりこの世界には、全くお金を持たなくても幸せな人は存在するのです。

一方、「（世界の億万長者という）最も豊かな家族でも、お金に起因する家庭不和、依存症、離婚など、多くの問題を抱えていました」と彼女は伝えています（２０１５年度の「五井平和賞」受賞記念講演より）。

私が住んでいる沖縄県の世帯当たりの収入は「47都道府県ランキング」で最下位です。**それにもかかわらず、県民の幸福度は3年連続トップ**です。

ポケットに500円も持たなくても沖縄の学生たちの多くは、いつも幸せそうにニコニコしています。お金を持たなくても幸福感が高い若者たちなのです。

私が講座を受け持った夜間の大学生たちの多くが、授業料全額を自分で稼いで大学を卒業していますし、海外留学は自分で奨学金を探し、アルバイト収入と組み合わせて達成している学生もいます。

彼らから「親からお金をもらえない」「アルバイトの時給が安くて辞めたい」というような金銭面のグチは聞こえてきたことがありません。

沖縄では、ホームレスの人たちを見かけることもほぼありません。皆が支え合って生活しているのです。

ひょっとしたら、**私たちが身につけるべき能力は、たくさんお金を稼ぐこと以上に、「僅かなお金でも幸せを感じられる能力」**かもしれないと思うのは、私だけでしょうか。

沖縄移住のお陰で、私は県民の方たちから大きな学びをさせてもらっています。

経済的な豊かさと幸福度の関係

お金に関する幸福度が高い人には、次のような共通点があります。

- 自分の専門性を上げるスキルや、旅などの経験に投資している
- 自分のためにモノを買うより、人にプレゼントするほうが喜びが長続きすることを知っている
- 人との比較ではなく、自分の価値基準でお金を使っている
- 節約や倹約する自分の管理能力からも幸福感を得ている

確かにお気に入りのブランドのジャケットやスカーフを買っても、その喜びは数週間と意外に短く、一方、大切な友達のために大好きなコンサート・チケットをプレゼントして、一緒に聴きにいった喜びは、生涯に残るものだと私も実感します。

お金のビジョンのワーク②
ベーシック・ニーズを計算してみる

ベーシック・ニーズとは、人間生活にとって最低限かつ基本的に必要とされるもののことです。

皆さんのこれからの人生にはいくらのお金が必要でしょうか？

ざっくりと計算してみましょう。

例えば、ライフスタイルを分かりやすく、**松竹梅コース**で分けてみます。

私の場合をご紹介します（今の沖縄暮らしということから離れて考えます）。

■ライフスタイル　梅コースの予算

田舎の6畳一間暮らし。但し、ネット環境と軽自動車は必須です。自炊がメインで、家族として保護犬1匹を迎えます。

大自然に囲まれているので、「内省」は充分できます。これで計算すると大体月15万の生活費が必要になります。

1年当たり180万、20年間で3600万が必要になりますが、そのうち年金でもらえる分を引くと、2000万円あればいいということになります。

■ライフスタイル　竹コースの予算

郊外の1LDKでの暮らしです。友達とたまにランチを楽しんだり、健康のためのフィットネスクラブやヨガのレッスンにも通います。年に1回だけ内省の旅にも行く生活です。

竹コースは月20万ぐらいになり、20年で4800万が必要になります。

■ライフスタイル　松コースの予算

都内の1LDKでの暮らしです。時々友達とディナーに行き、旅行も年3回ぐらい楽しみます。

一緒に暮らす保護犬は2匹で、医療費にもそれなりにお金を使います。

松コースは月30万円、20年で7200万円が必要になります。

かなり贅沢な生活ですね。

このようにごくごく簡単な計算から始めてみてはいかがでしょうか。

自分がどのようなライフスタイルを送りたくて、そのためにいくらかかるのかを把握しておくと、将来に対する不安がなくなるでしょう。

「2拠点暮らしをしたい」「タワマンに住みたい」と望む方もいるかもしれません。

望むライフスタイルは人それぞれですから、自由に描いていただきたいと思います。

自分にはどれぐらいのお金が必要なのか？

２０１９年の金融庁の報告書が発端となり話題となった「老後２０００万円問題」は、大きくマスコミに取り上げられ、「足りる・足りない論争」が沸き起こりました。

私が担当する社会人講座でも多くの受講生が、人生１００年時代に向かって経済的不安を抱えていることが判ります。

もし不安に思っているなら、先ほどのように実際に計算をしてみるのが一番です。とても簡単なシミュレーションで良いのです。

なぜなら2000万円で足りるか足りないかは、あなたが目指すライフスタイルやベーシック・ニーズで決定されるからです。人によって必要とされる金額は違うのです。

講座を受講されたA会社の役員は、退職後は「テントで暮らしたい」と真剣に話していらっしゃいました。

「緑豊かな大自然に囲まれ、川のせせらぎに触れられる場所でテントを張るのが理想です。テントからひょいと顔だけ出せば、昼は大きな青空、夜は満天の星が眺められる。他のモノは要らない。先生、僕はそんな暮らしを望んでいるんです」

家賃やマンションの管理費も必要としない彼のライフスタイルには、あまりお金をかけなくて済むでしょう。

どうやってお金を増やすか。その方法と対策

お金を増やすためのもっとも基本的な算数式は

記入例

ライフスタイル別：ベーシック・ニーズの計算

梅

	項目	金額￥
家賃	自然溢れる田舎6畳	45,000
光熱費	電気・ガス・水道	12,000
食費	自炊メイン	25,000
通信	ネット・モバイル	10,000
自己開発	読書中心	10,000
医療	保護犬ケア	8,000
保険税金	保険・税金・医療	20,000
他	軽自動車維持費	20,000
		150,000
1年		1,800,000
20年		36,000,000

竹

	項目	金額￥
家賃	郊外1LDK	80,000
光熱費	電気・ガス・水道	12,000
食費	たまにランチ外食	30,000
通信	ネット・モバイル	10,000
自己開発	セミナー・読書	10,000
医療	保護犬ケア	8,000
保険税金	保険・税金・医療	20,000
他	ジム・内省旅行	30,000
		200,000
1年		2,400,000
20年		48,000,000

松

	項目	金額￥
家賃	都内1LDK	120,000
光熱費	電気・ガス・水道	15,000
食費	たまにディナーも	50,000
通信	ネット・モバイル	10,000
自己開発	セミナー・読書	15,000
医療	保護犬ケア	20,000
保険税金	保険・税金・医療	20,000
他	ジム・内省旅行	50,000
		300,000
1年		3,600,000
20年		72,000,000

ワーク

ライフスタイル別：ベーシック・ニーズの計算

梅

	項目	金額¥
家賃		
光熱費		
食費		
通信		
自己開発		
医療		
保険税金		
他		

	竹		松	
	項目	金額¥	項目	金額¥
家賃				
光熱費				
食費				
通信				
自己開発				
医療				
保険税金				
他				

（ＡＡ－ＢＢ）×ＣＣ

です。ＡＢＣに入るのは何でしょうか？

答えは、**Ａは収入、Ｂは支出、Ｃは運用率**です。

収入を増やすか、支出を減らすか、運用の利益率を上げるか。３つの数字によって、手元に残るお金が決まります。

1 収入を増やす

一般的には、あなたの仕事が「市場のニーズが高い割に、その仕事をやれる人が少ない」状態であれば、大いに稼げるでしょう。

複雑な経営の課題に取り組む大企業のＣＥＯ（社長）や、高度な身体能力を持つプロ野球選手、高度な技術を持つ外科医師などはその代表例です。

誰でもできる仕事は時給が低いだけでなく、単純な作業であればあるほど、ＡＩやロボットにとって替わられる可能性があります。最近はリモートでの仕事も拡がりを見せ、副業や兼業で収入を増やす人も増えましたね。

マルチステージの働き方では専門性を上げたり、スキルを磨くことだけでなく、**新しいデジタル技術を積極的に学び、柔軟に変身できることが収入維持や増加に繋がります。**

2 支出を考える

さて、クイズのように答えてみてください。

人生における「3大出費」とは何でしょうか？

この場合の出費は、食費や光熱費のような、生涯を通じて払い続けるものではなく、特定の人生のステージで必要とされるものです。

マイホーム

これは分かりやすいですね。家族持ち、独り暮らしにかかわらず、マイホームを持つのは多くの人にとって夢のひとつです。最近は、自分は賃貸住宅に住み、その分、投資用マンションにお金を回すという長期的視野を持つ若者も増えたような気がしますが。

子供の教育費

欧米に比べれば日本の学費は格段に安いのですが、それでも私立大学に入るとなると、最低でも卒業まで5~600万、他に塾や予備校など、子供の人数分だけかかります。

介護費

長寿化に伴って負担が大きくなっている費用です。もし施設に家族を入れるとなると、月10~40万円、生命寿命と健康寿命の隔たりが長いほど、費用が膨らみます。私の父の場合は毎月20万、1年で240万、6年間で1500万近くでしたが、それでも安い方だと周りから言われました。

介護費用については、ご両親だけでなく、ご自分の分もお忘れなく。

ということで、3大出費はマイホーム、教育、介護ですが、こういった大きな出費に早くから備えることは重要なことと言えそうです。

3 運用を考える

日本人の家計所得が伸びない理由は、銀行預金への高い依存率が一因です。家計金融資産の推移という分かりやすいグラフが金融庁から出ています。

各世帯が保有する資産のことを「家計資産」といい、その中でも現金・預金、債券等を「家計金融資産」と呼んでいます。

20年間にわたる、**米国・英国・日本の3つの国の伸び率の比較**が出ているのですが、これをみると、**日本だけが金融資産が伸びていない**のが、ひとめで分かります。

つまり、日本の世帯は、何年経ってもお金が増えていかない事実が浮き彫りになっているのです。

20年間の伸び率の数字を表すと、

■米国2・7倍　■英国2・3倍　■日本1・4倍（2019年度金融庁）

日本の場合、物価高や税金、社会保障費が上がっていくことを考えると、実質マイナス成長ではと不安になります。

なぜこのようなことが起こるのでしょうか。金融資産の形成比率にその原因があります。

- 米国は投資・債券・株に55％
- 英国は年金・保険に56％
- **日本は預貯金に52％**

日本人は運用益の低い預貯金に、多くの資産を預けているのが主な原因です。

対し米国は個人レベルでの投資が盛んです。

ヨーロッパは社会保障制度がしっかりしているため、若い頃からの積み立てで老後を豊かに過ごせています。

日本人が投資をしないのは「金融リテラシー」の低さと、国としての制度が確立できていないことが理由と言われています。

岸田政権になって、ようやく個人レベルの投資を促そうとＮＩＳＡ（金融商品の運用益が非課税になる制度）が拡充されることになりました。

お金のビジョンのワーク③
出費・投資のポリシーを決めておく

経済的な幸福感は、「賢いお金の使い方」と「上手な管理」で決まることはお伝えしました。

それではあなたにとっての「納得のいくお金の使い方」を決めておきましょう。

お金を「使うもの」「使わないもの」に分けて考えます。

納得して「お金を使うもの」私の場合

仕事上、沖縄からの移動を伴うことが多いので、交通費（国内線）はかかります。

最近はオンライン講座が主流になり、その額はかなり少なくなりましたが、その分、パソコン3台、スマホ2台、モバイル2台などは、必須の仕事ツールになりました。

これらのＩＴツールは、平均2～3年で買い直します（ここまでは会社の経費扱いですが）。

記入例

出費・投資に関するポリシー

出費の管理

<使うモノ>

■ANA国内線フライト

■書籍、ITツール

■保護犬：寄付と医療費

■フィットネス

■内省の旅（主に国内）

■親への仕送り

<使わないモノ>

■国内外旅行、生命保険

■グルメ、洋服、化粧品

■車へのコダワリ、宝飾品
（ステータス追求型の消費）

長期的資産運用

<取り組んでいるコト>

お金に働いてもらう
資産構築法

■NISA

■積み立て型投資

■不動産投資

<取り組みたいコト>

3年後から

■不動産の整理

ワーク

出費・投資に関するポリシー

出費の管理

＜使うモノ＞

■

■

■

＜使わないモノ＞

■

■

■

長期的資産運用

＜取り組んでいるコト＞

■

■

■

＜取り組みたいコト＞

■

■

■

仕事以外では、保護犬のための出費が一番大きいです。医療費や愛護団体への寄付です。

他、フィットネス、内省の旅への投資も私にはなくてはならないものです。

「お金を使わないもの」私の場合

ステータス重視の品物。高級車、時計、ブランドもののファッションなど。

海外旅行や観光旅行、グルメ、高級化粧品なども全く興味がありません。

生命保険も投資用の銀行ローンを組んでいれば、自動的に団体信用生命保険という保険に入れるので、必要ありません。車は軽自動車を愛用しています。

是非、あなたもリストをつくってみてください。

「賢いお金の使い方」があなたの幸せを決めていくことを思い出して。

金融リテラシーを身につける

残念ながら私はお金の専門家ではありません。だからどのような投資を選ぶべきかについては、専門の方にお任せしたいと思います。

ひとつだけお伝えしたいことは、日本人も**「個人の努力で金融リテラシーを上げていく必要がある」**ということです。

金融リテラシーとは経済的に自立し、より良い生活を送るために必要なお金に関する知識や判断力のことです。実際の体験を繰り返すことも含まれます。

なぜ「個人の努力」なのでしょうか？

学生時代を振り返ってみてください。私たちは学校教育の中で、お金について教えてもらったことがあったでしょうか？

諸外国では、子供の頃から金融リテラシーを高めるために「パーソナルファイナンス」（個人の資金の調達）について学校で教えています。

日本では、2022年から高校でお金の授業がようやく始まりました。


外資系企業では昼休みの間、社員たちが「あそこの会社に投資してひどい目にあったよ」「この銘柄は買いだぞ」のような情報交換を、いつも楽しそうにしています。

日本ではまだまだ、お金の話をすること自体に抵抗感がありますし、投資はギャンブルだと考えている方も多いでしょう。それはやはり、お金の知識を正しく学んでこなかったからだと思います。


さて、少しだけ私自身のお話をします。

私は23歳になった頃から投資を始めていました。いろいろ試した結果、私にとって、もっとも相性が良いのは「不動産投資」ということが判ったのです。

判るまでは数々の失敗を体験したので、それなりに金融リテラシーが身についたかと思っています。

現在は、国内外の不動産をいくつか所有していますので、全く働かなくても生活ができます。

但し、私は投資家としての人生を選んだわけではないので、自分らしい社会貢献をしながら生活ができて、親にもしっかり仕送りをし、そして保護犬たちの医療費がまかなえれば、それで充分なのです。

「貪欲にお金を求め続けることは、幸福を遠ざけることにもなる」ことをよく理解していますので、今は周りに迷惑がかからないよう、そろそろ資産整理の段階です。


投資は、小さな体験を繰り返し、自分に合うものを体験しながら、絞り込んでいくのが良いでしょう。

投資スキルは筋肉運動と同じように、日々、鍛えていくことが大事です。筋肉が育たないうちに大きな投資をすることは、「人生の目的地」を危うくするリスクになりかねないのです。

コスパよりタイパの時代に気を付けておくべきこと

今はコスパよりもタイパ、つまりタイムパフォーマンス（時間対効果）が重視されるようになりました。効率と生産性重視です。

タイパを求めると、マルチタスク（同時進行で複数のことをこなす）で、効率的に家事も仕事も進めたいと思いがちです。

アンデシュ・ハンセン著の『スマホ脳』（新潮新書）では、本来**私たちの脳はマルチタスクが苦手で記憶に障害を起こしやすいこと、マルチタスクは集中度を著しく下げる**ことを警告しています。

私もキャリアを築く途上にあった頃、出張で新幹線に乗るたびに自腹でグリーン車に乗りました。目的は主にプレゼンテーションの資料作成です。指定席では思うように資料を広げられないため、グリーン車を選んでいました。

移動時間を使って資料を完成させる。お金より効率。まさにタイパを狙ったわけです。

確かに予定通りに厚みのある資料は完成し、満足感もありましたが、「何か大事なものを失っているのでは……」という感が否めませんでした。


今も時々、自分へのごほうびとしてグリーン車に乗ります。けれどもそれはタイパのためではありません。

じっくり車窓からの風景を楽しむことが目的です。

差し迫ったタスクもありますが、移動時間の2、3時間をびっしりスケジュールで埋めることに何の意味があるのだろう、と考えるようになりました。

米国の作家のヘンリー・デイヴィッド・ソローが、「Life is too short to be in a hurry. 人生は急ぐにはあまりにも短い」と名言を残したように、**たまには効率や生産性を忘れて、速度を落として人生を楽しむことは大切なのです。**

車窓からの大自然の風景を楽しむ機会が、残りの人生に何回あるか。そう思うとタスクを中断して「何もしない時間」を慈しもう、という気になります。

ここまでのワークで、自分は松竹梅コースのうち、どのようなライフスタイルを選びたいか、そのためにどれぐらいのお金が必要なのかを考えたら、ビジョン・ロードマップの「お金の管理」のコーナーにビジョンを書き込んでみましょう。

- 2024年投資の勉強をスタート
- 2030年住宅ローンを完済
- 給料が上がっても生活レベルを上げない
- 50歳で2拠点生活の予算計画を立てる
- 不労所得の計画をFPと相談（FP:ファイナンシャル・プランナー）
- 可愛いブタの貯金箱で500円貯金をする

このような形で、お気に入りのイラストを中心に、デッドラインや数字を入れながら、ご自分の幸福度が上がるようなビジョンを描いていきましょう。

さて、受講生の中に、お金の不安から解放された方がいらっしゃいます。その方は前述のお金の公式A、つまり収入をあげることで自立を果たしました。

その実例をご紹介します。そしてもう一人、「お金」と「幸せ」についてヒントをくれた受講生をご紹介します。

42歳から看護学校へ。経済的自立を実現した谷口愛さんのケース

「**あの頃の幸福度はマイナス100点でした**」

そう打ち明けてくださったのは元受講生の谷口愛さんです。

当時、谷口さんは3人のお子さんを育てる専業主婦でした。

ある日突然、不仲だったご主人が家族を置いて家を出ていってしまい、これからどのように経済的に自立し、子供を養っていけばいいのか、途方にくれてしまいました。

そんなとき、母校の明治大学からの定期誌で前述のスマキャリを知り、講座を受講することになったのです。

久しぶりの学びは新鮮で有益でしたが、仲間と比較して何も積み重ねて来なかった自分に劣等感を持つこともあったそうです。


講座ではいろいろな角度から自己分析を行います。

それでもなかなか方向性が出ないで彼女が苦しんでいたとき、

「**子供のときは、何になりたかった?**」

と投げかけた一言が、谷口さんのキャリアの扉を開けました。

「**そうだ、看護師になりたかった**」と思い出し、彼女はすぐに行動に出ました。


看護学校に飛び込んだ谷口さんのその時の年齢は42歳です。

18歳くらいの生徒に混じって3年間、看護師としてのスキルや知識を必死に身につけました。

卒業後、いよいよ病院で看護師としてのキャリアをスタートさせたとき、彼女は**お金**

の不安から解放され、自立できた達成感と喜びでいっぱいになりました。

今は家族とプライベートを楽しむため、非正規でクリニックの仕事を引き受けています。息子さんはその影響を受けたせいか、医学部に進み、母子の会話も増えたそうです。

谷口さんは私に、「今の幸福度はプラス１００点です」と報告してくれました。

看護師さんは専門職。病院がどこも人手不足な時代にその技術は一生モノですね。

「幸せはお金で買えない」ではなく「使い方」次第

もう一人、講座の受講生のお金にまつわる話をご紹介します。

名嘉《なか》和茂さんは現在、看板業を営んでいる若者です。

彼は大学時代に講座を受講しました。卒業後はビジョン通り、専門商社に勤め、その後は中国に飛び、働きながら中国語を学びました。帰国後は中国との繋がりを武器に「カンバン商事」を立ち上げたのです。

問い合わせや注文は多いものの、経営はまだまだ安定しません。お客様からの突然のキャンセルや、海外からの部品が壊れたり、看板設置中に大家さんからクレームが出たり、予想外のことが次々起きます。キャッシュフローに苦しむなか、ある日嬉しそうな顔をしてこんな報告をしてくれました。

「先生、**こども食堂への寄付をしたら、とても幸せな気持ちになれました。**子供たちからお礼のメッセージを読んで思わず涙が出たほどです。僅か500円でこんな気分になれるなら、**毎週でもやりたいです！**」

彼の嬉しそうな顔を見て、私はハーバード・ビジネススクール准教授、マイケル・ノートン氏のＴＥＤ「幸せを買う方法」を思い出しました。

「幸せはお金で買えないという人もいますが、本当でしょうか？調査では自分のためにお金を使ったグループよりも、誰かのためにお金を使ったグループのほうが、幸福度が高いことが分かりました。つまり、お金をどう使うか、その使い方次第で幸せが手に入るのです」

名嘉さんのように500円でも良いのです。**人のために使うことがあなたの幸せ**になります。

お金のビジョンのワーク　まとめ

- お金に関する現在の幸福度は100点満点中、何点か
- 足りない部分はその理由を考える
- ベーシック・ニーズ（生活で最低限かつ基本的に必要とされるもの）を「松竹梅」コースに分けてざっくり計算してみよう
- 出費・投資のポリシーを考える

第7章

「3年後の自分」を描いて明るい未来を引き寄せる

ビジョン・ロードマップのワーク
3年後の自分を思い描こう

ここまでの章で、4つのビジョンについて考えがまとまったら、早速本書の巻頭についているビジョン・ロードマップをつくってみましょう。

繰り返しますが、イラストをメインにして、文章は少なめに。そして4つのビジョンのコーナーが埋まったら、中央に楕円のスペースが空いていますね。

さあ、最後のワークです。

中央に書き込むのは、3年後の自分の姿です。3年後、自分はどうなっていたいのか、考えてみてください。

ここでは、「〜したい」と願望を書くのではなく、「私は3年後にこうなっている」と決意表明をしましょう。それが自分への宣言になり、その目標に向かって全力で走り出せます。

例えば、私が最近つくったビジョン・ロードマップでは、3年後の自分をこう描きました。

「3年後の私、集中研究期間も終わり、新企画へダッシュ。
ビジョナリーの進捗会で皆を繋ぎ才能開花を支援する。
人生も終盤・執着なく全力を尽くす」

これで、あなただけのビジョン・ロードマップが完成しました。

完成したビジョン・ロードマップは、よく目に入る場所に貼りましょう。できれば、毎日目に留まる場所に貼っておくのがベストです。

ビジョン・ロードマップをスマートフォンの待ち受けにしていた学生もいます。
彼は「○○のプロフェッショナルになる」と書いたビジョン・ロードマップを就活のときに面接官に見せたら、「君はここまで考えているんだね」と褒められたと話してくれました。

今後、あなたの人生で辛いことや悲しいことが起きたとき、ビジョン・ロードマップが支えになってくれます。

もちろん、楽しいことや嬉しいことが起きたときは、ビジョン・ロードマップはその喜びを後押ししてくれます。

ビジョン・ロードマップが生活の一部になったとき、きっと新しい人生がスタートするはずです。

人生の目的地に向かって「旅の友」をつくろう

ビジョン・ロードマップをつくってみて、いかがでしたか？

今まで自分でおぼろげながら描いていた夢が、実感を伴った目標に変わったでしょうか。それとも、思いもよらなかった気付きがあり、ビジョンが生まれたでしょうか。

「**何を書いたらいいのか、まだまだ分からない**」など、消化不良状態の方もいらっしゃるかもしれません。

心配しないでください。最初から上手にはつくれないものです。

何度もつくっているうちに、つくり方のコツがつかめてきます。ビジョン・ロードマップは一度つくって終わりではありません。これから定期的につくり直したり、より良くしていくものなのです。できれば、年に1回更新するのがベストです。

ここでひとつ、ポイントがあります。

是非、**ビジョン=人生の目的地を共につくり、より良いモノにする旅の仲間をみつけてください。その仲間は一人いれば、充分です。**

といいますのは、私は30名ほどのクラスの中でこのビジョン・ロードマップを教えていますが、**仲間の存在がとても大きい**ことを、いつも思い知らされます。

一緒につくり、見せ合い、励まし合い、報告し合い、そして喜びを分かち合う。ひとりではなかなか進まなかったことが、仲間からの刺激、勇気とエネルギーでどんどん進んでいきます。

恥ずかしくなんかありません。**人は誰でも人生を歩む旅の仲間が欲しい**のです。

ビジョンがなかなか描けないときは

もし、ビジョンがまだ描けないという場合、自分自身に問いかけてみてください。

- 完璧主義になっていませんか？
- 職業経験が少ないから描けないと思っていませんか？
- もっともっとピッタリのものがあるはず！　と思い込んでいませんか？
- どうせ「絵に描いたモチ」になるだけだと諦めていませんか？
- 挑戦してうまくいかなかったら、傷つくと恐れていませんか？

これまでの受講生にも、同じような気持ちで描けない方はいました。そんな方たちには、次のようにお伝えしています。

ポイント1　**描きやすいビジョンはどれですか？**

順番は気にせず、描きやすいビジョンから始めてみましょう。

ポイント2　**最初は下書きのつもりで！**

ネタになるイラストだけでも並べてみましょう。

ポイント3　**複数のことが浮かんできて決められない場合は？**

それではその複数のイラストをまず、貼ってみましょう。

ポイント4　**ビジョンはいつでも変更できるし、更新もできる**

挑戦してうまくいかなくても、その学びは必ずプラスになります。

ポイント5　**自分に自信がない場合は？**

「内省と人間関係」のビジョンで紹介した、**「これまでの行動で自分が誇れること」**を思い出してみてください。

ここで皆さんにもっとも大切なメッセージをお伝えします。

①あなたのビジョン＝「人生の目的地」は、あなたにしか描けない
②ビジョンは空からは降ってこないし、待っていても何も起こらない

このような言葉をかけると、ほぼ例外なく、皆さんの手が動き始めます。さらに、次のようなことを意識してマップをつくってみると、目標や夢の実現が加速します。

ポイント6 飛び出す絵本のように、お気に入りイラストをちりばめる

あなたらしさや強い意志が感じられます。

ポイント7 白い空白がないくらいにイラストを貼る

空白が多いと力が感じられません。

ポイント8
あくまでもイラストが主体（イラスト90%・文字10%）

文字が多いとイメージの視覚化パワーが下がってしまいます。

ポイント9
ポジティブな言葉を使う

「遅刻をしない」だと、ちょっとネガティブな印象になりますね。「時間を守る」だと、ポジティブな印象になります。

義務や行動制限ではなく自分の意思をシンプルに。

ポイント10
ゴールだけでなく、途中経過のイラストも貼っておく

壁を乗り越える・必死で努力する自分の姿も載せておきましょう。

巻末に鈴木恵子さん（仮名）のマップを入れてあります。メリハリのあるイラストの貼り方など参考にしてみてください。

ビジョン実現のためにやってほしい4つのこと

ビジョン・ロードマップは描いたら終わりではなく、そこから行動に移すことでビジョンは現実になっていきます。ビジョンを実現しやすくするために、次のポイントを忘れないでください。

1 「自分はやれる！」と信じる

あなたが不安でも、私はあなたがやれると信じています。

だからあなたも「自分はやれる！」「ビジョンは実現できる！」と信じることです。あなた自身が信じれば、あなたはその「成りたい自分」になれるのです。

2 自分のビジョンを周りに見せて話してみる

受講生に、大手旅行会社に就職した若者がいます。もともと海外に興味のあった彼のビジョンは、世界の国々で仕事をし、グローバル規模で通用する旅行企画の達人になることでした。

ところが、3年経っても海外事業部に行ける兆しが見えず、新宿の窓口でのお客様対応を続けていました。

不安になった彼は、わざわざ沖縄の私の家に相談にやってきました。そのときに、「ビジョンを周りに見せているの？」と聞くと、「恥ずかしくて見せていない」とのこと。

そこで、誰かに見せるようにアドバイスしました。

その2か月後、彼はタイに飛ぶことになりました。

彼が自分のビジョンを親しい人に見せたことで、そのことが周りに広がり、応援が集まり、ついには上司も動かしたのです。「海外に出たいんだって？　どの国でも良いか？」とポンと上司から聞かれたそうです。

タイ駐在のあと、彼は10か国以上の東南アジアの国々を周ることになります。

このように、ビジョンを描いたら、アウトプットすることでビジョンに近づけます。

たくさんの人の前で発表（宣言）するような機会がなくても、おとなりに座っているお友達に話すだけで変化が出てくるはずです。

3 行動を開始し、行動し続ける

頭の中で考え続けていても、現実は何も変わりません。小さな最初の一歩からでも良いので、行動を開始してくださいね。

- インターネットで検索する
- パンフレットを取り寄せる
- 説明会に参加する
- 担当者や経験者から話を聞く　など

何か行動を始めたときには、ワクワクと感じるものがあるはずです。確実な行動のためには、次ページのアクション計画が大切になります。

どうも方向性が違うと確信を持ったら、**ビジョンの変更も可能です。ただ、ある期間は行動しつづけて、諦めないでほしいのです。**

自分の才能を信じて行動し続けてください。ビジョンは必ず達成できます。あきらめない限り。

4 ビジョンの進捗を振り返る

定期的にどのくらい、自分が行動を起こしたかを振り返ります。ビジョンごとにスコアを付けてみるのも、面白いでしょう。

受講生の皆さんには、大みそかの紅白歌合戦、または、裏番組のクラシック音楽をBGMのように聴きながら、振り返りをすることをオススメしています。

アクション計画をつくってみよう

ビジョン・ロードマップを描いたら、アクション計画をつくりましょう。

アクション計画は、ビジョンに近づくための、道路地図です。月ごとに4つのビジョンで何を行うのか、その計画をしっかり立てます。ちなみに、私の場合の12月のアクション計画（エクセルシートで簡単に管理しています）は、こんな感じです。

■ **ライフスタイル**

クリスマス・ツリーをリビングルームに飾る。

犬たちの健康チェック。

粗大ゴミ廃棄。

■ **キャリアと自己開発**

今年を振り返り、次年度の計画をつくる。

情報と書籍の整理。

ビジョナリーたちと共に進捗会をする。

■ **内省と人間関係**

実家に帰り、母や姉と過ごす。内省の時間にも充てる。

「今年のありがとう」メッセージを大切な人に送る。
仕事仲間と軽い打ち上げ。

■お金の管理

今年の収支を計算して、スコアをつける。
来年の予算をつくる。
動物愛護団体と貧困地区への寄付をする。

月に3つくらいで、欲張らないことが長続きのコツです。アクション計画が今どれぐらい進行しているのかをチェックしましょう。
もし、仕事などで多忙になり、どうしてもアクション計画を達成できないようであれば、**計画を見直す柔軟性も大事です。**

ビジョンを描くのに遅すぎることはない

将来のビジョンを描くのに遅すぎることはありません。「もう●歳なんだから、これから先にできることとなんてそんなにないだろう」と諦めている方にこそ、ビジョン・ロードマップが必要です。

私の講座の受講生には、子育てが一段落したり、親の介護が終わって時間ができた50代以上の方が大勢いらっしゃいます。男性の受講生には、定年退職を目前に控えて、ふとこれから先の人生をどうしようと思ったという方もいらっしゃいます。

第1章の冒頭でご紹介した渡辺さんのように、定年退職してかなり経ってからビジョンを見つける場合もあります。

80歳で弓道を始めたある男性は、86歳で4段の審査を受けて、見事合格したという話もあります。彼は「弓が自分にとっての生き甲斐。弓を引けなくなったら、どうすればいいのか分からない」と言うぐらいに、弓道にのめり込んでいます。

大切なのは年齢ではなく、自分はどう生きたいのか、何をしたいのか、です。

人生に残された時間が少ないなら、その時間を楽しく自分らしく過ごして後悔を残さないためにも、ビジョン・ロードマップを描いていただきたいと思います。

大きな夢を描くことがビジョン・ロードマップの目的ではありません。

楽しく**自分らしい人生を歩んで行くための地図です**から、年齢や人との比較などとは関係なく、自分がやりたいことをどんどん書き込んでみましょう。

人生の大半をビジョン・ロードマップなしで進んで来た方は、強い意志で目標を達成して来られたのかもしれませんが、あらためてビジョン・ロードマップを描いてみると、将来への展望がひらけて不安も軽減することは間違いありません。

誰もが最初から、ストライクゾーンに入るビジョン・ロードマップを描けるとは限りません。とくに、新しい分野に挑戦するビジョンは分からないことが多いですから、やってみてから「思っていたのと違う」となる場合もあるでしょう。

それでも、チャレンジした経験は決してムダになりません。どんな経験でも自分の財産となります。

そういう場合はビジョンを修正して、新たな方向でチャレンジすればいいだけです。

描いたことが次々に実現！「これ以上の幸せはない」と語る米林さんのケース

米林一郎さんは現在、パナソニック・マーケティングスクールに在籍されています。社内を中心に人材育成や研修を提供するスクールです。

最初の出会いは2014年、販売士協会の方々が集まるビジョン・ロードマップの研修でした。その場で初めて、米林さんはご自分のマップをつくられました。

当初のマップには「将来はグローバルで活躍する」「チームを率いる」「自宅の庭でバーベキュー」と書いたものの、その後はマップを描いたことすら忘れ、忙しい日々を過ごしていたそうです。

ところが1年後、まさかのマレーシア赴任が決まりました。その子会社からの海外駐在は初めてのケースだったそうです。

そこで彼はマップをつくったことを現地で思い出し、確認したら、**描いたすべてが実現していることに気づいて、**とても驚かれたそうです。

米林さんは帰国後すぐに、私に連絡をくれました。

「**先生、びっくりです。とにかく全部、実現したんです。**是非、私のグループのメンバーにもビジョン・ロードマップを提供したいです」

彼の熱意に押され、私は200名規模の企業研修を請け負うことになり、東京・名古屋・大阪と飛んで研修をさせていただきました。

米林さんも新しいビジョン・ロードマップをつくりました。

これまでは感覚的に「自分はそれほど人に優しい人間ではない」と思っていたようですが、分析で「愛情奉仕才能」が高いことを知り、その気付きから、これまでの営業系から人財育成の道に邁進したいとマップに描いたのです。

そして、その新しいビジョンがまた実現し、スクールへの移動が決まったのです。

「これ以上の幸せはない」という彼の言葉で、私も「これ以上の幸せはない」のです。

旅立つあなたに贈る言葉

キャリアの語源は、馬車が通った後にできる車輪の跡「轍《わだち》」を意味するラテン語の「ＣＡＲＲＡＲＩＡ」です。

人生には全力を尽くして達成感に包まれるとき、何もかもうまくいかなくて泣きたくなるとき、感動的な出会いに心が躍るときなど、さまざまな場面があります。それらすべてが、人生における「轍」です。

これまで歩んできた道に残った車輪の跡が、私たちが積み上げてきた人生です。そして未来に向かって新たな「轍」をつくっていくのです。

人生に迷ったときは次の5つの言葉を思い出してください。

①私たちは一度だけの「かけがえのない美しい人生」を歩んでいる
②私たちは「心に描いている通りの人間」になる
③行動を起こした人が報われる
④成功とは「失敗を重ねても挫けることなく、また挑戦すること」
⑤自分を愛すること、自分を信じること。そこから新たな一歩が踏み出せる

最後に。なりたい自分に向かって試行錯誤を繰り返し、たゆまず挑戦していく。

このプロセスこそが「人生」です。

キャリアは「轍（わだち）」。轍は馬車が先に進んでこそつくられます。だから私たちも明るい未来に向かって進み続けましょう。

達成だけでなく、達成までの「**旅そのものを楽しむあなた**」でありますように！

ビジョン・ロードマップのワーク　まとめ

- 3年後の自分を思い描こう
- アクション計画をつくってみよう
- 自分を信じ、自分のビジョンを周りに見せて話そう

おわりに

エキゾチックな香り漂う沖縄、那覇空港。
空港に降り立つ受講生たちを迎えるため、私は到着ロビーで待ち受けます。

オンライン講座に切り替わってから、その頻度は高くなりました。私は「幻の講師」とも呼ばれ、だからこそ「ライブでお会いしたい」と言ってくれます。「皆、仕事で忙しいし遠いのだから、お気持ちだけで」とやんわり伝えると、「本命は美ら海水族館ですよ〜。先生が沖縄在住で良かったです」などと、嬉しい納得をさせられるのです。

ビジョン・ロードマップの受講生会では、**カジュアルな進捗報告**があります。
「人生の目的地」に向かって挑戦をしているのですから、上手くいったことばかりではありません。軌道修正の報告もあります。

それでも**軌道修正から学んで成長しようとする姿からは、例外なく勇気をもらえます。**

お互いの積極的な自己開示で、会はいつも盛り上がっていきます。

受講生たちを眺めながら、「はじめに」にありました「オズの魔法使い」を思い出します。ドロシーは自分の3人の道連れと共に、魔法使いに会いに行きます。

「脳みそ」を欲しがる「かかし」
「心」を欲しがる「ブリキの木こり」
「勇気」を欲しがる「ライオン」

受講生たちは「ビジョン・ロードマップの法則」を「脳みそ」(知恵)として使い、ビジョンを必ず達成したいという切望、「心」を持ち、「人生の目的地」に向かって、「勇気」ある行動へと踏み出しているのです。

壁を乗り越えて行動しつづけているうちに、オズの魔法使いが言ったように、

「**もうあなたたちには魔法など要らない。知恵も心も勇気もすでに持っていますよ**」

まさにその状態になっているのがうかがえます。

本書を出すにあたって、私には葛藤がありました。

- ■講座では人数制限のうえ、最低3日間以上をかけているものがどこまで伝わるのか
- ■書籍で公開することは良いことばかりではない。講座の価値へのリスクもある
- ■出版の経験がないうえに、時間も体力もない私が、最後まで走り切れるのだろうか

しかし、葛藤だらけの私の背中を、押してくれたものがありました。

それは父の存在です。実は、第1章に登場する渡辺さん（仮名）は、私の父なのです。

企業戦士として滅私奉公した父、生き甲斐を一旦は失ったものの、「日本冬桜の会」で新たな人生を得た父の存在は、私がビジョン・ロードマップを生み出す原動力になりました。いわば、私は父からミッションを授かったわけです。

幸い、たくさんの専門家や受講生の協力を得て、本書を完成させることができました。私の体力不足と駆け足ということもあり、拙い部分が多々あるかと思いますが、その点はご容赦いただきたいと思います。

本書を手に取ってくださったあなたにささやかなプレゼントを。
私のもっとも好きなモンテーニュの言葉をお届けします。

人間が創り上げることのできる最高傑作は、目的と共に生きる人生である

“The great and glorious masterpiece of man is to live with purpose.”
モンテーニュ：フランス哲学者

本書を読んで、もし、ビジョン・ロードマップの講座に興味を持ってくださった方がいたら、ビジョン・ロードマップ公式HPや、明治大学リバティアカデミーの「女性のためのスマートキャリアプログラム」にアクセスしてみてください。

ビジョン・ロードマップ公式HP　https://www.visionroadmap.com/
明治大学リバティアカデミー「女性のためのスマートキャリアプログラム」　https://academy.meiji.jp/smartcareer/

謝辞

この出版を支えてくださったすべての皆様に感謝を伝えたいと思います。

まず最初に、出版に関する知識も経験もない私を導いてくださった、アップルシード・エージェンシーの鬼塚先生と、伴走いただいた有海茉璃さんにお礼を申し上げます。

同時に出版を引き受け、作品として磨きをかけてくださったＫＡＤＯＫＡＷＡの皆様に対し、厚く御礼申し上げます。

またこの書籍の場を借りて、ビジョン・ロードマップを導入いただいたすべての大学、企業の皆様に厚く御礼を申し上げます。共有する場があってこそ、ビジョン・ロードマップは進化を遂げることができています。

各章で登場いただだいた受講生の皆様にも、迅速なご快諾に「ありがとうございます」をあらためてお伝えしたいです。

そして、この本を手に取ってくださった読者の皆様へ。人生の貴重な時間とエネルギーを使って読んでくださり、誠にありがとうございました。幸せな人生へのヒントを僅かでもご提供できたなら、これほど嬉しいことはありません。

最後に。ビジョン・ロードマップ開発のきっかけをくれた亡き父と、人生に挑戦する大切さを、身をもって教えてくれた母に対し、感謝を伝えたいと思います。

２０２３年12月　沖縄の拙宅にて

.4.20（更新版）
Name: Sae Kambe
on
Self Reflection & Networking
に、手作り
自分らしさ
、学びと
続け、
くもつ。
笑顔に
うな
社会
る。
学びの時間
情報発信もする
仲間との交流会で情報交換
家族との時間を大切に
わった
軌道
や
どの
資産管理
帳簿をつける
無駄遣いしない。
断捨離を心がける
正しいファイナンシャルの知識を身に着ける
Financial Management

Vision Roadmap
Date:
Lifestyle Design
M
美的感
パンと
を表
常に
コンサートや観劇
アートに触れる
夏は軽井沢、春はハワイ
週１ホットヨガたまにゴルフ
夫婦や家族の記念日
を大切にする
カフェで、
読書と執筆
の時間
子供たちの成長を常に
見守り支援する
3年後
オーガニックと地産地
パンとデリの製造販売
に乗る。料理・パン教
ワイン会、サロンコン
イベントができるカフ
文筆活動を始める。
2017年5月
店舗契約
2018年7月
キッチンスタジオ
とカフェオープン
2019年
エッセイ、絵本、
小説出版
2016年
ブログ開設
（幻のパン
日記）
2015年～
出張パン教室
（全国各地）
イベント出店
2016年11月
キッチンカー始動
2018年
㈱エーワ社長就任
2017年4月～
経営塾、セミナー受講
（ワイン、文章技術、大学、
製菓）学びを始める
2017年4月
田原市まちづくり
文化会の活動
Career & Self Development

Revision 2023.1.1 Name: 土田　真吾
Self Reflection & Networking
、良き夫、良
よき兄である。
　会社や地域、
とで貢献する。
て不安がな
ある。
貢献し、
生まれ
また同
ごした
人生に
プライベートの人的
ネットワーク拡大
自分軸の確立
絶対的な自信
嫌われる勇気
マインドフルネス
瞑想の時間
書籍出版！
社会や
地域へ
の貢献
セミナーで、人事労務
管理に関する啓蒙活動
地域社会に
第三の居場所
6年）の私
して貢献し、
る。
に取り組んでいる。
の出版を果たす。
毎年の貯金計画
（別紙）を遂行
2038年（60歳）までに...
・貯金X000万円
・住宅ローン完済
10000
欲しいものを明確にし、
確実に手に入れる！
安定から
川のよう
させよう
なくなる
Financial Management

Vision Roadmap
Lifestyle Design
家族との時間が最優先！！
・年2回の国内旅行！
・国内の世界遺産制覇！
・家族で海外旅行！
カッコイイ父親
生涯健康！体重キープ！すらりとしたダンディズム溢れるオジサン
多趣味
定期的に沖縄旅行⇒定年後に年に数か月プチ移住
人事労務に関する大学院入学・研究
顧問・講師・コーチ・カウンセラー…好きな時に好きなことを好きなだけできるセカンドキャリア
社労士分野の経験を積み重ねる
社会教育士として地域で講師として貢献
<取得予定>
・歴史検定2級
・通訳案内士
・世界遺産検定1級
Career & Self Development

2/10/14 （更新版） Name: 漢那宗貴
ion
Self Reflection & Networking
備えた
となり、
る人へ。
て
面白さ
人生
る
3か月に1回の内省
(VRMテキスト持参)
関わる人に幸福を
伝染する太陽に
愛情溢れる
親孝行
自分へ
事業者1500社
、出店者が喜
います！
がら、太陽のよ
僕自身が
(環境) だ！！
先に与える
良好な人脈構築
ポジティブで
成長できる仲間
自分のためではなく、
他者へ貢献
2030(46) 不労所得
月200万
ake
e !!
借金も財産
のうち
2026(42) 不労所得
月30万
2024(40) 不動産投資開始
毎月2万の投資
資産運用の勉強
何事も経験！学び！
2022(38) 毎月5000円
の資産運用開始(自動)
MENT
021 k.Fujino,
Reserved
Financial Management

Vision Roadmap
Date:
Lifestyle Design
自然を感じる住まい
（空港から1時間以内）
バランスの良い
食生活
家族との時間を大切に
ボディメイク週1
ウォーキング週3
健康的な睡眠
（分割睡眠）
3年後(20
仲間と共に県内外の
のWEB/ECサポートを
び豊かになるECを伝
全国でセミナー講師を
うに幸福を浴びせてい
誰かのパワース
農業&全国の事業者の
WEB化/EC化サポート
2027(43) 沖縄××
トップECコンサル
沖縄事業者を
ECで元気に
ECコンサル
会社経営
2025(41) 1500社(加盟店)
2024(40) 300社(加盟店)
2023(39) ECコンサル
事業者100社(加盟店)
経営(MBA)の勉強
42歳天中殺の時
Career & Self Development

20日 Name:Keiko Suzuki(仮名)

n

を信じ、
心に寄り
なる。
想と
性で、
とに
りし、
る。

の私

をもとに、毎日
グを行っている。
もスタートさせ、
に立てるよう、

ake
!!

it !

ENT

Vision Roadmap
Date: 2022年
Lifestyle Design
いろんな国の料理を作る！食べる！
実家売却
ワンちゃんとの生活
スポーツをする・見る
家計簿
今まで得た経験
キャリアカウン
キャリアに関す
様々な年代の方
講習もスタート
達成
年間250名のキャリアカウンセリング
キャリアコンサルタント技能士2級取得
転職
採用
就活開始
継続学習もガンバル！
Career & Self Development

藤野公子

上智短期大学英語科、青山学院大学経営学部経営学科卒。ハーバードビジネススクール・エグゼクティブコース修了。ハピネス・スタディ・アカデミー認定ハピネス・トレーナー（米国）。1978年、日本コカ・コーラ株式会社に入社。主にチャネル別戦略、マーケティングサービス、組織能力開発などでマネジャー職を歴任。2010年、早期退職後は琉球大学客員教授のほか、複数の大学で講師役を担う。現在は大手企業の社員研修や社会人を対象とした「学び直し」の場で講師を務める。

描《か》くだけで新《あたら》しい人生《じんせい》がはじまる
ビジョン・ロードマップの法則《ほうそく》

2023年12月5日　初版発行

著　者　藤野公子《ふじのきみこ》
発行者　山下直久
発　行　株式会社 KADOKAWA
〒102-8177　東京都千代田区富士見2-13-3
電話 0570-002-301（ナビダイヤル）
印刷所　大日本印刷株式会社
製本所　大日本印刷株式会社

●**お問い合わせ**
https://www.kadokawa.co.jp/（「お問い合わせ」へお進みください）
※内容によっては、お答えできない場合があります。
※サポートは日本国内のみとさせていただきます。
※ Japanese text only

定価はカバーに表示してあります。

ISBN 978-4-04-606529-2　C0030